KB051347

박원순,
생각의 출마

나라다운 나라, 새로운 대한민국을 위한
정　책　과　비　전

박원순, 생각의 출마

박원순 지음

더봄

책을 펴내며

작년 11월, '이게 나라냐?'며 촛불을 든 시민들은 겨울을 넘기고 봄이 될 때까지 광장을 지키고 있습니다. 분노와 열망의 에너지, 연대와 우애의 힘으로 그 어느 때보다도 추운 겨울을, 그 어느 때보다도 뜨겁게 보내고 있습니다.

갈수록 먹고 살기 팍팍해지는 와중에도 시민들은 매주 광장에 모이고 있습니다. 단지 박근혜 정부 4년, 또는 보수정권 9년 만의 문제가 아닙니다. 1987년 민주화항쟁으로부터 30년, 1997년 외환위기로부터 20년이 지난 지금, 우리 민주주의와 시민들의 삶은 어떻습니까? 절차적 민주주의는 얻어냈지만, 일상의 민주주의는 시민들의 삶에 뿌리 내리지 못했습니다. IMF 구제금융체제에서는 벗어났지만, 평범한 시민들의 삶과 꿈이 무너졌습니다. 경제적, 사회적 불평등으로 인한 사람들의 실질적 고통과 상대적 박탈감은 한계에 다다랐습니다. 우리 사회 밑바닥으로부터 출구도 희망도 보이지 않는 절망감이 차오르다 결국 촛불 민심으로 폭발한 것입니다.

당연히 정권교체가 답입니다. 그러나 정권교체 그 이후가 더욱 중요합니다. 차기 정부의 임무는 그만큼 막중합니다. 누가 집권하더라도 수십 년 동안 누적되어온 적폐 청산과 정치·경제·사회 전 분야에 걸친 근본적인 개혁은 필수적입니다. 시민들은 먹고 사는 문제뿐만 아니라 그 너머를 바라보고 있습니다. 민주주의와 정의, 시민들의 삶과 꿈이 살아나야 합니다. 이것은 유능한 지도자 한 사람의 힘만으로는 되지 않습니다. 분노하고, 열망하고, 행동하는 위대한 시민의 힘으로 가능합니다. 우리가 더욱 뜨거워져야 하는 이유입니다.

저는 이번 대선에 출마하지 않습니다. 그러나 정권교체와 '나라다운' 나라, '새로운' 대한민국에 대한 꿈과 열망마저 접을 수는 없습니다. 그동안 제가 시민들을 만나고 소통하면서 정리한 저의 생각을 시민들과 공유하고자 합니다. 저는 집단지성의 힘을 믿습니다. 그동안 제가 준비했던 정책구상들을 이렇게 공유함으로써 더 많은 시민들과 만나게 되기를 바랍니다. 이것이 또 다른 출발이 되어 시민의 구상, 시민의 정책으로 발전하고, 새로운 대한민국의 밑거름이 되기를 바랍니다. 저의 생각과 구상은 결국 시민들의 것이고, 시민들이 저의 생각과 구상을 완성시켜줄 것입니다. 우리가 이렇게 치열하게 생각하고, 협력하고,

행동할 때 비로소 시민명예혁명은 완수될 것입니다.

새로운 대한민국은 하늘에서 뚝 떨어지는 것이 아닙니다. 새로운 대한민국은 기다린다고 오는 것도 아닙니다. 우리 모두가 새로운 대한민국이 되어야 합니다. 저 역시 시민의 한 사람으로서, 정치인의 한 사람으로서 시민들과 함께 새로운 대한민국을 만드는 일에 함께하겠습니다.

2017년 봄을 기다리며

박원순

목차

시민의 삶을 바꾸는 3대 민생개혁

민생이 우선이어야 합니다

아이들이 행복한 교육혁명

입시지옥에서의 해방

한반도 평화구상

평화의 땅에 피는 경제의 꽃

/ 109p /

대한민국의 미래혁명

청년, 여성, 자치분권, 탈핵을 중심으로

/ 131p /

1부

촛불혁명과 3대 개혁

청와대, 재벌, 검찰 개혁을 중심으로

이 글은 2016년 12월 5일, 더불어민주당 소속 국회의원 78명의 초청으로 국회의원회관에서 열린 '국민권력시대, 어떻게 열 것인가' 토론회의 기조발제문을 토대로 하였습니다.

대통령 탄핵은 새로운 대한민국의 출발점이 될 것입니다.
청와대, 재벌, 검찰이 공고히 유지해 온 기득권 카르텔을 철저히
혁파하는 것이 새로운 대한민국의 시작이라고 굳게 믿습니다.

국민에 의해 탄핵된 대통령과 미증유의 혼란

우리는 지금 이제껏 경험하지 못한 혼란과 고통 속에 휩싸여 있습니다. 경제침체, 민생도탄, 남북관계 위기 속에서 미증유의 국가혼미, 국정공백을 맞고 있습니다. 부도덕하고 무능하고 무책임한 대통령으로 말미암아 온 국민이 분노와 절망 속에 빠져 있습니다.

즉각 퇴진하라는 국민의 명령에 대해 박근혜 대통령은 자기변명과 책임회피로 일관하고 있습니다. 국회는 헌법을 유린하고, 법률을 광범위하고 중대하게 위배한 사유로 박근혜 대통령에 대한 탄핵소추안을 발의했습니다.

국회의 탄핵 표결은 반드시 통과되어야 합니다. 그것이 국회가 국민의 의사를 대변하는 대의정치기관임을 입증하는 것입니다. 시민명예혁명에 정치권이 답하는 길입니다.

대통령 탄핵은 새로운 대한민국의 출발점이 될 것입니다. 그러나 이것이 끝은 아닙니다. 매주 광장을 채우는 수백만 국민들의 절규에는 대통령 퇴진이라는 분노의 목소리만이 아니라 낡은 시대와 결별하고 새로운 대한민국을 열겠다는 간절한 염원이 담겨 있습니다.

대한민국에서 진행 중인 시민명예혁명

지금 국민들의 분노는 하루아침에 만들어진 것이 아닙니다. 99대 1의 불평등 사회. 흙수저, 금수저로 대변되는 양극화와 불공정한 기존 질서는 절대 다수의 보통 시민들을 절망에 빠뜨렸습니다.

문화계 블랙리스트, 노동 탄압, 기본권의 박탈, 권위주의는 우리 사회를 퇴행시켰습니다. 국정교과서 추진, 위안부 문제, 사드배치, 남북관계의 파탄 등 밀실에서의 비민주적인 결정은 역사를 거스르고, 안보를 위기에 빠뜨렸고 우리의 미래를 어둡게 만들었습니다. 세월호 사고는 '국가는 과연 존재하는가' 하는 근본적인 질문을 던지게 만들었습니다. 박근혜·최순실 게이트는 그동안 축적된 분노가 극적으로 폭발한 것입니다.

대한민국 중심부를 가로지르는 촛불들의 도도한 행진은 새로운 대한민국을 향하고 있습니다. 정의와 민주주의가 살아있는 나라, 상식과 기본이 살아있는 나라, 평범한 사람들의 꿈이 이루어지는 나라. 바로 새로운 대한민국이 도달할 시민명예혁명의 종착지입니다.

정치권의 성찰과 책임이 뒤따라야

그동안 우리 정치는 늘 국민들의 기대에 미치지 못했습니다. 다수 민중의 이익보다는 소수의 기득권자, 특권층의 이익을 챙기는 데 열중하지 않았는지 자문하지 않을 수 없습니다.

기득권 정치권에 대한 불만과 불신이 증대하고 있습니다. 정치인의 부패라는 행태적 측면, 무능하고 무기력한 정당체제라는 구조적 측면이 모두 작용한 결과입니다.

정치인이라면 사상 초유의 헌정 위기 상황에서 국민이 분출하는 변화, 개혁에 대한 요구와 열망을 정치의제로 전환시키는 역할을 해야 합니다. 그러나 정치인과 정당이 그에 대한 비전과 합리적 대안을 제시하지 못하고 있다는 최장집 교수님의 비판 앞에서 저 역시 자유로울 수 없음을 잘 알고 있습니다.

정치가 무엇입니까? 민심을 받드는 것입니다. 정치권이 이번 촛불 민심을 제대로 받들지 못한다면 우리 정치는 설 자리가 없습니다. 저 역시 정치인의 한 사람으로서 이 상황에 대한 통렬한 반성과 함께 무거운 책임감을 느끼고 있습니다.

기득권 카르텔 혁파에서 시작되는 새로운 대한민국

국민들은 대한민국 헌법 제 1조 '대한민국은 민주공화국이다'를 외치며 민주공화국의 회복을 강력하게 요구하고 있습니다. 국민들은 이 헌법적 가치를 회복하고, 권력의 재구조화를 명령하고 있습니다.

박근혜·최순실 게이트는 부패한 기득권, 구체제가 수명을 다했음을 보여주는 상징적 사건입니다. 박정희, 박근혜로 압축되는 구질서의 적폐를 청산하지 않고서는 우리 사회가 미래를 향해 나아가기란 힘들 것입니다. 박근혜 체제는 제왕적 대통령, 재벌대기업, 정치검찰이라는 1% 기득권자들의 동맹입니다.

이를 그대로 둔 채 새로운 집을 짓는 것은 사상누각에 불과합니다.

저는 청와대, 재벌, 검찰이 공고히 유지해온 기득권 카르텔을 철저히 혁파하는 것이 새로운 대한민국의 시작이라고 굳게 믿습니다.

이를 위해 청와대, 재벌, 검찰 개혁방안을 제안하고자 합니다.

1장

대통령 및 청와대 개혁을 위한 우선과제

'제왕적 대통령'이라는 말이 보여주듯, 우리나라의 대통령제는 대통령에게 모든 권한이 집중되어 있습니다. 박근혜 대통령은 '자신이 곧 국가'라고 생각하고, 국민들이 위임한 권력을 남용했습니다.

국민들은 무책임한 대통령이 국민들이 위임한 권력을 남용할 때 국가가 어떻게 위기에 처하는지 똑똑히 지켜보았습니다. 국가 권력은 철저히 사유화되었고, 공적인 의사결정구조는 공동화되어 있었습니다.

이 문제를 극복하기 위해서는 대통령의 권한을 분산시키고, 통치구조의 공공성과 투명성을 회복해야 합니다.

첫 번째,
제왕적 대통령 권한 조정

대통령의 제왕적 권한을 조정해 헌정질서를 민주적으로 바로 잡아야 합니다. '견제와 균형'의 원리를 제도화함으로써 대통령에게 집중된 권한을 대폭 제한해야 합니다. 개헌에 앞서 현행 헌법 체계 내에서 우선적으로 할 수 있는 일을 찾아 실천하는 것이 선행되어야 합니다.

대통령의 예산권, 인사권에 대한 국회의 견제 권한 강화

국회 예산결산특별위원회를 상설화하고 국무위원 등에 대한 국회 인사청문회를 강화해야 합니다. 미국 상원의 경우 행정부 차관보 이상 관료 등 1,300여 개의 직위가 인준대상입니다. 그러나 우리의 경우 인준 대상 직위는 61개에 불과합니다. 인사검증기간도 미국 상원은 3개월 정도 소요되는 데 비해 우리 국회는 20일 내에 마쳐야 합니다.

국회가 동의하지 않는 후보자라 하더라도 대통령이 임명을 강행하는 관행은 없어져야 합니다. 국회가 부적격이라고 판단한 후보자에 대해서는 지명 철회를 의무화하는 방안을 마련해야 합니다.

헌법상 보장된 책임총리제 실시

국무총리의 국무위원 임명제청권, 해임건의권을 보장해 총리의 내각 통할 권한을 실질화해야 합니다. '옥상옥'屋上屋이라는 비판을 받는 대통령 비서실 조직은 대폭 축소하고, 내각 중심으로 국정 운영이 이루어질 수 있도록 해야 합니다.

대통령 인사권 축소

우리나라도 지검장 직선제 도입을 적극 검토해야 합니다. 영국 BBC

의 사례처럼 공영방송 독립성의 첫 출발점으로서 KBS 사장의 대통령 임명제를 폐지해야 합니다.

두 번째,
청와대 밀실통치 시대의 마감

청와대는 밀실통치의 상징물이 되었습니다. 민주국가라면 대통령이 무엇을 하는지 국민들에게 소상히 공개되어야 하고 언제라도 국민은 대통령과 소통할 수 있어야 합니다. 불통의 상징적 공간이 되어버린 청와대를 국민에게 돌려주어야 합니다.

청와대를 경복궁 복원과 연계해 박물관 등으로 활용할 수 있을 것입니다. 그 대신 대통령 집무실은 정부종합청사 등 국민 가까이 옮기는 것을 적극 검토해야 합니다.

세 번째,
대통령 업무의 투명성 확대

대통령 업무에 대해서도 더욱 적극적으로 국민에게 공개해야 합니다. 대통령이 누구와 만났는지, 또 무엇을 얘기했는지 국민이 알 수 있어야 합니다. 국가 안보 등 불가피한 사유가 아니라면 대통령 업무나 집무실 출입기록 등의 정보를 일상적으로 공개해야 합니다.

재벌개혁을 위한 우선과제

박근혜·최순실 게이트는 재벌게이트이기도 합니다. 권력과 유착된 재벌은 박근혜·최순실 게이트의 공범입니다. 재벌이 어떻게 권력과 이익을 주고받았는지 정경유착의 민낯이 드러난 것입니다.

재벌이 왜 정경유착을 합니까? 재벌을 세습하는 과정에서 권력의 비호가 필요했기 때문입니다. 재벌의 소유구조, 지배구조의 문제점이야말로 정경유착의 가장 강력한 유인입니다.

이 같은 정경유착의 피해자는 누구입니까? 하도급업자, 중소기업, 소비자, 노동자, 우리 국민이 그 피해를 고스란히 입고 있습니다. 재벌들은 700조 원의 유보금을 곳간에 쌓아두었지만 우리 국민들의 가계부채는 1,300조 원이 넘었습니다.

따라서 재벌개혁은 재벌의 불건전하고 후진적인 소유구조를 개혁하는 것, 재벌에게 집중된 경제력 및 권력 집중을 완화하는 것, 이로 인해 피해를 보는 경제적 약자들의 힘을 키워주는 것에서 시작되어야 합니다.

첫 번째,
재벌총수 일가의 전횡적 지배구조 해체, 불법세습 근절

재벌총수 일가는 적은 지분으로 지배권을 유지하고 세습을 하는 과정에서 각종 편법·불법을 저지르고 있습니다. 이 과정에서 정경유착이 벌어집니다.

계열분리명령제와 기업분할명령제 도입

재벌 총수 일가의 전횡적 지배구조를 해체하기 위해서 재벌기업에 과도하게 집중된 현재의 경제구조를 개선하기 위한 최후의 수단으로 계열분리명령제와 기업분할명령제를 도입해야 합니다. 사후감독으로는 교정이 불가능할 정도로 경제력 집중 및 독점이 심화된 경우, 특히 그 힘을 오남용하여 불법행위를 저지르는 경우에 정부가 계열사 주식 매각 또는 기업 분할을 명령하고, 법원의 심사를 받게 하는 제도를 도입하자는 것입니다.

스튜어드쉽 코드stewardship code 도입

기관투자자들이 지켜야 할 행동지침인 스튜어드쉽 코드stewardship code를 도입하여 국민연금 등 기관 투자자에게 적극적이고 공정하게 주주권을 행사하도록 의무를 부여해야 합니다. 이는 2008년 글로벌 금융위기 이후 선진국만이 아니라 신흥국가에도 도입·시행되고 있는 글로벌 스탠더드입니다.

증여제도 개선과 증여세의 철저 부과

편법 세습이 불가능하도록 증여제도를 개선해야 합니다. 무엇보다 경영권 세습에 악용되는 증여세를 정상화시켜야 합니다. 조부모가 손자에게 직접 주식을 증여할 경우 적용하고 있는 세율 할인을 없애고, 미성년자에게 주식을 증여하는 경우 철저하게 증여세를 부과하고 징수해야 합니다.

공익법인을 이용한 재벌그룹의 편법 세습 근절

공공연하게 이루어지는 공익법인을 이용한 재벌그룹의 편법 세습을 막아야 합니다. 재벌그룹은 재벌 총수 일가가 지배하는 공익법인에게 주식을 증여하고, 공익법인은 주주로서 재벌그룹의 의사결정에 참여하는 식으로 세습이 이루어지고 있습니다.

따라서 재벌그룹으로부터 주식을 증여받은 공익법인의 의결권 행사를 금지하고, 공익재단에 대한 주식 기부 시 상속·증여세를 면제해 주는 특혜를 폐지해야 합니다.

노동자의 경영 참여 보장

재벌 총수의 전횡과 정경유착을 견제하고 감시하기 위해서 노동자의 경영 참여는 꼭 필요합니다. 이를 위해 노동자이사제의 제도화를 제안합니다.

두 번째,
재벌 특혜를 없애고, 경제력 집중은 완화

재벌은 그동안 중대한 범죄를 저지르고도 낮은 형량은 물론이고 집행유예, 대통령 사면 등의 특혜를 누려 왔습니다. 뿐만 아니라 여러 가지 제도적 특혜도 모자라 일감몰아주기 등을 통해 경제력을 축적시켜 왔습니다.

재벌총수 일가의 범죄에 대한 집행유예 금지

재벌에게 집중된 특혜를 근절하기 위해서 정경유착, 횡령, 배임 등 중대한 범죄를 저지른 재벌 총수 일가에 대한 집행유예가 불가능하도록 해야 합니다. 동시에 정경유착의 매개 고리로 악용되고 있는 대통령의 특별사면 역시 제한해야 합니다. 경제범죄에 대한 법정형을 높이고, 범죄로 형성된 직간접 이익과 재산을 몰수할 수 있도록 해야 합니다.

경제범죄 가담 경영진의 취업제한 강화

경제범죄에 가담한 경영진의 취업제한을 강화해야 합니다. 「특정경제범죄 가중처벌 등에 관한 법률」 위반으로 처벌받은 사람이 취업할 수 없는 기관과 기업체를 지금보다 확대하고 취업 제한 기간도 늘려야 합니다. 그렇게 해서 범죄를 저지른 경영진은 업계에서 퇴출되어야 합니다.

기부행위 가장한 정경유착 근절

기부행위를 가장한 정경유착을 근절해야 합니다. 박근혜·최순실 게이트에서 보듯이 재벌들이 정치권력과 밀접한 관계에 있는 공익재단에 기부하는 방식으로 정경유착을 실현하고 있습니다. 따라서 일정 기준 이상의 기부행위는 반드시 이사회 보고 등을 거치도록 해야 합니다. 뿐만 아니라 기준에 미달하는 재단에 대한 기부는 이사회가 적정성 여부를 통제할 수 있도록 장치를 두어야 합니다. 기부 상세 내역도 반드시 공시하도록 하는 등 기부행위에 따르는 의무를 부과할 수 있는 장치를 마련해야 합니다.

일감 몰아주기 근절

재벌총수 일가들의 부와 경영세습 수단으로 악용되고 있는 일감몰아주기를 근절시켜야 합니다. 일감몰아주기에 대한 증여세 과세 요건 및 계산방식을 개혁해 증여세 과세기준을 엄격히 적용해야 합니다.

공정거래법을 개정해 특수관계인에 대한 부당이득 제공 규제기준 또한 강화해야 합니다. 충실의무를 위반하여 회사에 손해를 끼치고 부당이득을 얻은 경우 원상회복 청구가 가능하도록 상법을 개정해야 합니다. 또 외부의 감시가 미흡한 비상장 계열사를 이용하여 부당이득을 얻는 관행을 근절하기 위해 다중대표소송제도를 도입해야 합니다.

세 번째,
경제권력 남용 방지와 경제적 약자 보호

재벌개혁의 마지막 제안은 경제 구조에서 약자의 위치에 있는 소비자인 국민에 대한 보호를 강화하자는 것입니다. 대기업의 불법·부당 행위로 피해가 발생한 경우, 대항력이 약한 국민을 보호하는 방향으로 제도를 개선하여 경제권력의 남용을 막아야 합니다.

징벌적 손해배상제도 확대

첫째, 재벌총수일가의 불법행위에 대한 징벌적 손해배상제도를 확대해야 합니다. 현재 몇 개 법률에 한해 징벌적 손해배상제도가 도입되어 있는데, 「정보통신망 이용촉진 및 정보보호 등에 관한 법률」·「제조물책임법」·「산업안전보건법」 등에도 도입함으로써 재벌의 경제권력 남용을 방지하고 경제적 약자를 보호해야 합니다.

일반적 집단소송법 도입

둘째, 일반적 집단소송법class action 도입을 제안합니다. 대기업과 소비자 사이에서 피해자가 개인인 경우 소송에 드는 노력·시간·비용을 감당하기 어려운 경우가 많습니다. 반면 대기업은 막강한 자본과 권력을 가지고 있습니다.

집단소송제도class action는 경제력의 불균형 상황에 놓인 국민을 조금이나마 보호하는 방법입니다. 현재 증권 분야에만 도입되어 있는 집단소송제도를 불특정 다수 피해자가 발생하는 모든 민사소송 분야에 확대 적용해야 합니다.

불공정 하도급거래 방지

셋째, 중소기업에 대한 불공정하도급 거래를 방지해야 합니다. 하도급 거래라는 '갑을관계' 속에서 중소기업들은 납품단가 후려치기, 기술탈취 등의 피해를 입고 있습니다. 중소기업이 발전하지 못하면 대다수 국민에게 만족스러운 고용과 소득을 제공할 수 없습니다.

이를 위해 감사원장·조달청장·중소기업청장 등으로 고발요청권을 일부 확대한 것을 넘어서, 모든 국민에게 공정거래법 위반에 대한 고소·고발권을 부여해야 합니다. 또한 대기업이 1차 협력업체만이 아니라 2차 이하 협력업체와의 공정거래에 대해서도 일정한 책임을 지도록 공정거래법을 개정해야 합니다.

3장

검찰개혁을 위한 우선과제

정치와 검찰의 유착, 정치검찰. 이제는 바꿔야 합니다. 국민권력시대를 열어가기 위해서는 검찰을 개혁해야 합니다.

박근혜 정권은 사실상 검찰공화국이었습니다. 검사 출신 우병우 전 민정수석에 앞서 3명의 민정수석이 모두 검사 출신이었습니다. 우 전 수석의 후임인 최재경 민정수석도 역시 검찰 출신입니다. 이 밖에 정홍원 전 국무총리, 황교안 국무총리, 김기춘 비서실장도 모두 검찰 출신입니다.

검사 출신들이 국민을 위해 권력을 감시하기보다는 권력비리를 감추고 사익을 추구한 사실이 드러나고 있습니다. 우리 국민들은 검찰이 정의의 편, 국민의 편이라고 생각하지 않습니다. 오히려 검찰은 진실의 무덤이 되고 있습니다.

국민들은 권력이 아닌 국민에게 복종하는 검찰을 간절히 원하고 있습니다. 검찰 개혁을 이루지 못하면 새로운 대한민국은 없습니다.

첫 번째,
공수처 설치 및 검경수사권 조정

고위공직자비리수사처 즉각 설치

무엇보다 검찰 권력에 대한 견제와 분산이 시급합니다. 이를 위해 고위공직자비리수사처(공수처)를 설치해야 합니다. 그동안 검찰은 기소독점주의에 기대어 견제 받지 않는 막강한 권한을 행사해 왔으며, 종종 부당한 방법으로 이를 악용해 왔습니다. 검찰의 전횡을 막고 공정한 사법 질서를 바로잡기 위해서는 검사를 포함한 고위공직자에 대해 수사하고 기소할 수 있는 고위공직자비리수사처 설치가 시급합니다. 이를 위해 인사와 예산 등에 있어 대통령과 행정부의 간섭을 배제할 수 있는 독립적인 기구를 만들고, 검사의 공수처 파견을 금지하는 등 검사 이외에 다양한 직군들로 조직을 구성하여 검찰 및 고위공직자들을 제대로 견제하게 해야 합니다.

자치경찰제 전면 실시와 검·경 수사권 조정

자치경찰제를 전면적으로 실시하고 검·경 수사권 조정도 적극 검토해야 합니다. 경찰에게도 독자적인 수사권을 부여해 자율적으로 수사할 수 있도록 해야 검찰의 독주를 막고, 수사의 공정성도 높일 수 있을 것입니다.

두 번째,
정치검찰 척결

가장 근본적으로 검찰은 '정치검찰'이라는 오명에서 벗어나 국민의 검찰로 거듭나야 합니다. 이를 위해서는 과거의 유물과도 같은 '검사동일체 원칙'은 이제 깨져야 합니다.

지방검찰청 검사장 직선제 도입

첫째, 지방검찰청 검사장 직선제를 조속히 도입해야 합니다.

주민이 선출하는 지방검사장 직선제는 검찰총장으로부터 말단 검사까지 피라미드형으로 만들어진 수직적 구조에서 발생하는 검찰권력의 폐해를 막고, 대통령과 법무장관이 인사권을 무기로 검찰을 장악하는 구조를 극복하여 검찰의 민주화를 이루고 검찰을 국민이 통제할 수 있는 방법입니다.

청와대 민정수석실 폐지

둘째, 민정수석실을 폐지해야 합니다.

민정수석실은 정권과 검찰을 유착시켜 검찰조직을 정치화 하는 부정적 영향이 컸습니다. 대통령이 검찰조직을 통치수단으로 활용하는 한 공정한 검찰은 없습니다.

세 번째,
법무부 요직의 검찰 독점 구조 탈피

2003년부터 2014년까지 법무부 장·차관, 검찰국장, 법무실장, 기획조정실장, 감찰관 등의 핵심 직책에 63명이 역임했는데, 이중 60명이 전·현직 검사 출신인 것으로 확인됐습니다. 검사에게 치중된 사법체계의 균형을 회복하기 위해 검찰이 아닌 전문 행정관료나 외부 전문가도 법무부에서 일할 수 있도록 개방해야 합니다.

이런 일련의 과정을 통해 검찰을 둘러싼 내외부적 환경을 전면적으로 개혁할 때 검찰은 국민의 검찰로 거듭날 것입니다.

국민이 주인인 국민권력시대를 만들어야

청와대, 재벌, 검찰의 개혁!

누구나 비슷한 약속을 할 수 있습니다. 박근혜 대통령도, 새누리당도 지난 대선에서 경제민주화를 약속했고 국민대통합을 약속했었습니다. 그러나 말뿐이었습니다. 그들은 여전히 기득권 편에 서 있습니다. 그들은 기득권 그 자체였습니다.

우리 더불어민주당이 그들과 다른 것은 가진 자의 정당이 아니라 서민의 정당, 국민의 편이라는 점입니다. 청와대의 개혁도 재벌의 개혁도 검찰개혁도 국민 편에 서야만 진정으로 해낼 수 있습니다. 하지만 많은 국민들은 우리 더불어민주당을 기성정치권, 기득권 세력으로 보고 있습니다. 당이 더 혁신하고 바뀌어야 합니다. 우리 스스로 서민의 정당임을, 기득권 세력이 아닌 국민 편에 선 정당임을 보여줘야 합니다. 저는 부패한 기득권 세력이 아닌 평범한 시민들이 행복을 느끼고, 정의롭고 따뜻한 공동체를 이루는 그런 사회를 만들고 싶습니다.

그동안 정치인들은 국민을 위한 정치를 얘기했지만 그 국민은 찢어지고 나눠진 국민이었고 정치적 수사에 지나지 않았습니다. 하지만 지금 국민은 정치적 수사가 아닌 정치적 실체입니다. 대한민국의 주권자입니다.

국민의 뜻을 따르는 것이 정치인의 행동지침이자 강령입니다. 그것이 1%의 기득권이 누려 왔던 정치권력, 경제권력의 독점구조를 깨고 국민권력시대를 여는 길입니다.

제가 제안한 청와대개혁, 재벌개혁, 검찰개혁 방안으로 변화에 대한 국민의 갈증을 완전히 해소할 수는 없습니다. 그러나 최소한 대통령공화국, 재벌공화국, 검찰공화국이라는 오명에서는 벗어나야 합니다.

국민들은 대통령에 대한 탄핵을 요구하면서 명예혁명을 요구하고 있습니다. 대통령 탄핵으로 국민권력시대의 포문을 열어야 합니다. 새로운 대한민국을 만들어야 합니다.

박근혜 대통령의 즉각적인 퇴진이 새로운 대한민국의 문을 여는 것이라면, 새로운 대한민국을 위한 청와대, 재벌, 검찰 3대 개혁은 새로운 대한민국을 든든하게 받쳐줄 주춧돌입니다.

2부

모두를 위한 경제, 위코노믹스(Weconomics)

불평등과의 전쟁을 선언하며

이 글은 2016년 12월 21일, 더불어민주당 소속 국회의원 78명의 초청으로 국회 의원회관에서 열린 '불평등과의 전쟁선언, 위코노믹스 비전 제안' 토론회의 기조발제문을 토대로 하였습니다.

위코노믹스를 통해 재벌 등 우리 사회의 1%가 부를 독점하고
나머지 99%는 소외되는 경제체제를 대기업과 중소기업,
노동과 복지가 함께 성장을 견인하는 체제로 바꿀 것을 제안합니다.

위코노믹스(Weconomics), 네 바퀴 경제

지난해 12월 9일, 국회에서 박근혜 대통령에 대한 탄핵소추안이 압도적으로 통과되었습니다. 저도 역사적인 장면을 국회 정문 앞에서 많은 국민들과 함께 지켜봤습니다. 이 위대한 결정을 이끌어 낸 주역은 다름 아닌 당시 기준으로 50일 넘게 광장을 지켜온 수백만의 촛불시민입니다.

국민들의 요구는 대통령 퇴진을 넘어 낡은 질서를 지배해 온 기득권의 해체로, 새로운 대한민국 건설로 이어지고 있습니다. 정유라의 부정입학으로 촉발된 촛불의 행렬은 우리 사회의 불공정한 부의 대물림에 대한 분노, 그리고 불평등과 양극화의 심화에 대한 좌절의 분출입니다.

우리 사회 불평등의 핵심 원인과 결과

우리 사회에서 불평등은 더 이상은 경제성장 과정에서 나타나는 불가피한 부작용으로만 치부할 수 없는 문제입니다.

불평등으로 인해 재벌 등 1%의 기득권 세력을 제외한 99% 경제적 약자의 삶은 날로 피폐해지고 있습니다. '금수저-흙수저', '헬조선-탈조선'라는 말은 불평등 구조가 고착되고 심화되면서 청년들이 느끼는 현재에 대한 분노와 미래에 대한 절망을 담고 있습니다.

사내 유보 이윤, 배당금, 이자, 임대료 등 자본소득은 매년 증가하는데 노동자들에게 마땅히 돌아가야 할 몫인 노동소득분배율은 갈수록 줄고 있습니다.

재벌대기업의 중소기업 지배는 기업 간 불평등 심화로 이어지고 있습니다. 불공정한 하도급 거래에 의한 하청기업 약탈, 기술탈취, 만연한 갑을관계 등으로 인해 중소기업, 중소상인에게 돌아가야 할 몫이 재벌대기업에 편중되고 있습니다.

노동자 간 불평등도 악화일로에 있습니다. 비정규직, 여성노동자, 영세기업 노동자는 고용불안과 저임금의 늪에서 고통 받고 있습니다. 전체 노동자의 절반 가까이가 비정규직입니다. 비정규직 노동자가 받는 임금은 정규직 노동자의 절반입니다. 노동자 4명 중 1명은 빈곤선 이하의 임금을 받고 있습니다. 임금 수준 하위 10%에 비해 상위 10%는 5배가 넘는 임금을 받고 있습니다.

한국은 OECD 국가 중 최악의 불평등 국가

우리가 손 놓고 있는 사이 한국은 OECD 국가 중 최악의 불평등 국가가 되었습니다. 노동시장의 약자를 사회적으로 보호하는 소득재분배도 매우 취약합니다. 사회복지비 지출은 GDP의 10.4%에 불과합니다. OECD 평균인 21%의 절반도 되지 않습니다.

영세자영업자나 비정규직 등 사회적 약자는 사회보험 적용률도 현저히 낮습니다. 이에 따라 조세 및 재정정책을 통한 소득재분배 효과는 8.4%에 그치고 있습니다. 15.2~34.6%인 OECD 주요국들과 비교해도 매우 낮은 수준입니다.

재벌 등 1% 기득권 집단에 집중된 경제력, 불공정거래와 전근대적 갑을관계에 따른 재벌대기업의 중소영세하청기업 약탈, 노동시장 내 비정규직의 확산과 차별의 심화, 사회복지 등 재분배 기능의 취약성 등이 경제적 불평등을 심화시키는 핵심 원인입니다.

이런 불평등은 정직하게 일하는 대다수 국민의 삶을 절망으로 몰아넣고 있습니다. 경제성장 동력을 좀먹고, 대한민국의 미래를 파괴하고 있습니다.

위코노믹스 : 불평등 극복전략이 곧 경제성장 전략

'先성장 後분배'는 낡고 낡은 구호에 불과합니다. 이미 IMF, OECD

등은 "낙수효과는 더 이상 존재하지 않는다", "소득불평등이 경제성장을 가로막는다"고 결론을 내렸습니다.

미국, 영국, 독일, 일본 등도 최저임금이나 임금인상 등 저소득층 소득증대를 통한 불평등해소 전략을 적극적으로 추진하고 있습니다.

1% 기득권 집단을 위한 성장은 성장이 아닙니다. 불평등을 타개하지 않으면 성장은 불가능합니다. 따라서 불평등을 해소시키는 전략이 가장 효과적이고, 가장 강력한 경제성장 전략입니다.

저는 1%가 아닌 100%를 위한, 모두를 위한 경제를 제안합니다. 이러한 새로운 경제비전을 '위코노믹스'Weconomics라고 부르고자 합니다. 위코노믹스를 통해 재벌 등 우리 사회 1%가 부를 독점하고 나머지 99%는 소외되는 경제체제를 대기업과 중소기업, 노동과 복지가 함께 성장을 견인하는 체제로 바꿀 것을 제안합니다.

위코노믹스는 '4륜 구동' 방식으로 작동

이제는 앞바퀴-재벌대기업에 의존하는 방식으로는 성장할 수 없는 시대입니다. 대기업과 중소기업, 노동과 복지 네 바퀴가 동시에 굴러가야 합니다. 4륜구동 자동차가 험한 길에 강하듯, 네 바퀴 경제를 통해서만 대한민국이 직면한 저성장과 양극화라는 미증유의 총체적 위기에서 빠져나갈 수 있습니다.

위코노믹스의 전략은, 불평등을 해소하고 노동소득분배율을 개선하고 재분배를 강화함으로써 내수기반을 강화해 이를 성장엔진으로 삼는다는 점에서 '소득주도성장론'이나 '포용적 성장론'과 궤를 같이 합니다.

하지만 위코노믹스의 차별성은 한국적 상황에서 불평등 문제의 핵심 원인인 재벌에 대한 강력한 개혁 조치를 포함하고 있다는 점입니다. 더 나아가 경제적 약자를 정책 시혜의 대상이 아니라, 이들이야말로 불평등 타파의 주요한 주체이자 동력임을 인식한다는 데 있습니다.

중소기업과 소상공인, 노동자의 권리를 강화하고, 단결권을 보장해야 합니다. 경제적 약자들의 힘과 협상력을 높일 때만이 불평등하고 불공정한 구조를 근본적으로 변화시킬 수 있기 때문입니다.

4장

재벌, 중소기업, 노동, 복지 분야 정책

첫 번째, 재벌독점과 불공정 관행을 혁파

그동안 재벌대기업은 압도적인 자본력과 시장지배력을 앞세워 불공정행위를 일삼고, 정경유착을 통해 부와 경영권 세습과정에서 권력의 비호를 받아왔습니다.

이러한 재벌 중심 경제를 바꿔야 합니다. 재벌독점과 불공정 관행을 일소해 1%의 재벌 독점체제를 해체하고, 99%의 중소기업과 중소상공인 중심의 경제구조를 새롭게 만들어야 합니다.

총수 일가가 장악하고 있는 재벌의 소유·지배구조를 해체

사회경제적 비용과 해악을 가져오는 나쁜 재벌에 관용을 베풀 국민은 없을 것입니다. 재벌에게만 과도하게 집중된 경제구조를 바로 세우기 위해서는 사문화된 계열분리명령제를 실제화 하고, 기업분할명령제를 시급히 도입해야 합니다. 총수 일가의 불법적인 경영을 감시, 견제할 수 있도록 하고 집중투표제 및 전자·서면투표제도를 의무화 해야 합니다. 재벌대기업의 불법행위를 강력하게 제재할 수 있도록 다중대표소송 및 징벌적 손해배상제도를 도입해야 합니다.

재벌대기업에 주어진 온갖 특권과 특혜 용납 않아야

재벌도 법 앞에 평등해야 합니다. 정경유착, 횡령, 배임 등 중대한 범죄를 저지른 재벌총수 일가에 대해서는 집행유예나 대통령의 특별사면을 허용하지 않아야 합니다. 특히, 1% 재벌대기업과 고소득계층이 누렸던 조세감면 특혜를 폐지해야 합니다.

법인세의 최고세율을 인상하고, 주식양도소득과 임대소득 등 자산이득에 대한 과세를 강화하는 등 조세제도를 개혁해 공평과세fair tax를 실현해야 합니다. 조세탈루, 탈세, 역외탈세 행위에 대해서는 누구도 예외 없이 일벌백계해야 합니다.

일감몰아주기는 발본색원

재벌그룹 내 계열사 간 일감몰아주기에 대해 증여세 과세기준을 엄격히 적용하고, 특수관계인에 대한 부당이득 제공 규제기준을 강화해야 합니다. 또한 시행령에서 정하고 있는 대규모기업 집단 기준을 법률로 끌어올려 정부가 자의적으로 요건을 완화하는 것을 막아야 합니다.

원청-하청 기업 간 상생협력을 위한 초과이익공유제도 도입

중소기업은 재벌대기업이 요구하는 부당한 거래조건이나 납품단가 인하에 울며 겨자 먹기로 응할 수밖에 없습니다. 중소기업의 정당한 이윤을 재벌대기업이 강탈함으로써 중소기업은 연구개발, 시설 투자는 커녕 노동자들의 임금인상을 해 줄 형편도 안 됩니다. 일자리 창출은 더욱 어려워지고, 대기업 노동자와 중소기업 노동자의 임금격차는 심화될 수밖에 없습니다.

따라서 원청-하청 기업 간 상생협력을 위한 초과이익공유제도를 도입해야 합니다. 원사업자로부터 1차 협력 중견기업으로, 1차 협력 중견기업에서 2차 협력 중소기업으로 이익공유가 확산되면 상생의 기업 생태계가 만들어질 수 있을 것입니다.

두 번째, 갑을 관계를 혁파해 중소기업, 중소상인을 보호

국내 기업의 90% 이상이 중소기업입니다. 전체 노동자의 80%가 중소기업에 종사합니다. 중소기업과 중소상인은 국민경제의 중추적 역할을 맡고 있습니다.

그러나 현실은 어떻습니까? 중소기업과 중소상인은 대기업의 막대한 경제력에 압도되어 대등한 협상력을 갖지 못하고 있습니다. 대기업은 우월한 자본과 정보, 기술을 앞세워 중소기업의 영역과 골목상권까지 잠식해 들어가고 있습니다. 그러나 중소기업과 중소상인이 살아나야 경제가 성장하고 실업문제도 해결되고 소득과 자산의 격차도 줄어듭니다.

중소기업, 중소상인의 집단교섭권 인정, 상생협약 활성화

중소기업, 중소상인이 대기업을 상대로 대등한 지위에서 협상하려면 서로 뭉쳐야 합니다. 즉 집단교섭이 인정되어야 합니다. 현재 프랜차이즈 가맹점주 외 대리점 등의 집단교섭은 현행 공정거래법상 사업자들의 공동행위를 부당한 것으로 금지해 놓았습니다. 이는 명백한 불공정 협약입니다.

중소기업 협동조합 등이 대기업과의 상생협약 체결을 위해 집단교섭은 허용하되 '부당공동행위' 즉 담합 규정이 적용되지 않도록 해야 합니다. 대기업이 상생교섭에 응하지 않거나 상생협약을 이행하지 않는 경우 과징금을 부과하는 등 제재방안도 마련해야 합니다.

중소기업 및 중소상인 적합업종제도를 강화

현행 적합업종제도는 실효성이 없습니다. 대기업의 동의가 없더라도 적합업종 지정이 가능하도록 해야 합니다. 대기업이 해당 업종사업에 진출하면 우선 중소기업 또는 중소상인에게 이양할 것을 권고하고, 그에 따르지 않으면 2차로 계열분리명령이나 기업분할명령 등의 강력한 법적제재를 가해야 합니다.

효율적인 불공정행위 감독 위해 공정거래위원회의 권한 조정

공정거래위원회의 전속고발권을 폐지하고, 제 역할을 다하지 못하는 공정거래위원회에 집중된 공정거래법 집행 기능을 다원화 해야 합니다. 업무가 과중하다면 업무 일부를 지방자치단체에 이관하면 됩니다.

세 번째,
허울뿐인 노동권 강화해 경제불평등 해소

지난 정부에서 노동자들은 늘 희생만을 요구받아 왔습니다. 특히 박근혜 정권은 노골적으로 재벌과 사용자의 이해만을 대변해 왔습니다. '노동개혁'이라는 이름 아래 성과연봉제를 일방적으로 추진하고, 저성과자를 퇴출시키겠다고 엄포를 놓았습니다. 비정규직을 줄이기는커녕 파견업종을 확대하고, 비정규직 사용기간 연장을 추진하고 있습니다. 조선업 구조조정 사태에서 보듯이 경제 위기의 책임과 희생은 노동자에게만 강요되고 있습니다.

경제불평등 문제를 해결하기 위해서는 무엇보다 노동자의 권익이 보장되어야 합니다. 우리나라는 OECD 국가 중 노동시장 불평등이 가장 악화된 나라입니다. 노동자가 대량해고되고, 많은 노동자들이 비정규직으로, 저임금노동자로 내몰리고 있습니다. 우리가 만들어갈 새로운 시대에는 일하는 노동자가 존중받고, 노동자의 권리가 전면적으로 보장되어야 합니다. 노동시장 내 불평등을 해소해야 할 뿐만 아니라 노동자를 개혁의 주체로, 개혁의 동반자로 초대해야 합니다.

비정규직을 절반으로 줄이고 최저임금 1만원으로 인상

비정규직이 업무의 성격과 관련 없이 무분별하게 확대되고 있습니다. 특히 여성노동자의 대다수는 비정규직입니다. 상시적인 업무는 정규직으로 고용해 비정규직을 대폭 줄여야 합니다. 부득이 비정규직으로 고용할 때에는 호주처럼 비정규직이 정규직보다 더 많은 임금을 받을 수 있도록 해야 합니다.

최저임금도 최소한의 생활이 가능한 수준인 시간당 1만 원으로 올려야 합니다. 임금체불 등 근로기준법 위반, 최저임금법 위반 등 위반 행위에 대한 처벌도 강화해야 합니다.

노동조합 조직률을 30%까지 끌어 올릴 것

"내 가족의 생계를 보장할 좋은 직업을 원하는가. 누군가 내 뒤를 든든하게 봐주기를 바라는가. 나라면 노조에 가입하겠다."

2015년 9월 7일 오바마 미국 대통령이 미국 노동절에 발표한 메시지입니다.

노동조합이 강하고, 노동조합 조직률이 높은 나라들은 경제적 불평등 정도가 낮고, 국민의 복지 수준과 행복도도 높습니다. 상대적으로 힘이 약한 노동자가 단결권을 바탕으로 사용자와 대등한 협상력을 가져야 노동자의 노동조건이 향상되고 궁극적으로 경제정의를 이룰 수 있기 때문입니다.

우리의 노동조합 조직률은 10%대로 OECD 국가 중 가장 낮은 수준입니다. 중소영세업체 노동자나 비정규직은 조직률이 2% 내외에 불과합니다. 노동기본권의 제한, 노동배제적 정부정책과 함께 기업별노조 구조가 낳은 결과입니다.

노동조합 조직률을 30%까지 끌어올려야 합니다. 노동조합 조직률을 높이기 위해서는 노조 가입과 결성을 가로막는 제도와 관행을 개선하고, 산업별 교섭을 보장하고, 노동기본권에 대한 교육을 보편화 하는 등 국가 차원의 적극적 노력이 뒷받침되어야 합니다.

막대한 사회적 비용을 유발하는 노사갈등을 해결하는 지름길은 노동자가 회사경영에 참여하는 것입니다. 강화된 노동조합을 바탕으로 노동자들이 경영에, 주요 정책에 참여할 수 있는 구조를 갖춰야 합니다. 서울시는 이미 산하 공공기관에 노동이사제를 도입했습니다.

노동자가 경영에 참여하면 재벌총수의 경영 전횡도 강력히 견제할 수 있습니다. 공공부문부터 노동이사제를 전면적으로 도입하고, 민간에도 단계적으로 확대해나가야 합니다. 노동자가 경영의 파트너가 되어야 합니다.

재벌과 정부의 이해만을 관철시키는 수단으로 전락한 노사정위원회는 노사정국가전략위원회로 탈바꿈해야 합니다. 고용보험 운영 등 노동자와 직접 관련된 정부위원회에도 노동조합 등 노동자 대표가 주체로 참여해야 합니다.

공공부문에서 100만 개 일자리 창출

지금의 고용 상황은 긴급한 처방이 필요한 비상상황입니다. 특히 청년 고용절벽은 청년 개인의 절망을 넘어 우리 사회를 무너뜨릴 것이 불 보듯 뻔합니다. 정부와 공공부문의 선도적인 노력이 절실합니다.

복지서비스, 보건, 돌봄, 교육, 소방, 경찰, 환경, 문화 등의 공공분야에 100만 명의 일자리를 창출할 수 있습니다. 그 일환으로 사회서비스공단을 세워 사회서비스 노동자의 고용의 질을 높이는 동시에 대국민서비스의 질도 높일 수 있습니다.

또한 고용보험의 사각지대에 있는 구직청년, 장기실업자, 자영업자 등도 최소한의 생계를 유지할 수 있도록 포괄적인 실업안전망을 설계해야 합니다.

한국은 OECD 국가 중 노동시간이 가장 긴 나라입니다. 노동시간을 OECD 평균수준인 연 1,800시간대로 낮추어야 합니다. 노동시간을 줄이면 노동자가 인간다운 삶을 누릴 수 있고, 일자리 나누기를 통해 실업문제도 해결할 수 있습니다.

네 번째, '한국형 기본소득제' 도입해 불평등 해소

우리 사회의 불평등은 경제부문과 노동부문에서 출발하지만, 최종적으로는 모든 생활 영역에서 나타납니다. 소득과 자산은 물론 건강, 주거, 교육, 지역, 세대, 그리고 성별 등 모든 영역에 걸쳐 격차가 심화되고 있습니다.

공정한 경쟁을 통해 일한 만큼 대가를 주고받는다는 경제 논리만으로는 생활상의 모든 불평등을 원천적으로 해소할 수 없음을 직시해야 합니다.

현재 우리나라는 사회지출 수준이 매우 낮고 복지 구조는 왜곡되어 있습니다. 작금의 불평등을 해소하기에 너무나 미진한 수준입니다. 소득 상위 10%, 상위 1%가 아니면 자녀를 낳아 안정적으로 양육하고 교육시키기 어렵고, 자녀들 또한 성장 후 자력으로 독립된 생활을 꾸려나가리란 전망도 어둡습니다. 은퇴 후 안정된 생활이 보장되는 것도 아닙니다. 이러한 현실 앞에서 국민들은 좌절하고, 분노하고 있습니다.

요컨대 불평등을 타파하고, '요람에서 무덤까지' 모든 국민들이 행복하고 안락한 삶을 영위할 수 있도록 국가가 그 책무를 다해야 합니다. 평등과 자유, 정의, 사회적 연대감이 충만한 사회를 만들어가야 합니다.

모든 국민의 생애주기에 맞춘 '한국형 기본소득제' 도입

우리나라는 사회지출비 규모도 규모지만 각종 수당제도도 미흡합니다. 아동빈곤, 노인빈곤, 장기실직이나 청년실업 등의 문제에 효과적으로 대처하기 어렵습니다. 4차 산업혁명의 '탈노동화'가 목전인데 대비책도 마련하지 못하고 있습니다.

이제 기본소득제도를 적극 도입해야 합니다. 기본소득은 우리 사회에서 다양한 개념으로 수용되고 제안되고 있습니다. 저는 우리나라 현실에 맞게 창의적으로 응용하여, 생애주기별로 촘촘하게 기본소득 개념을 적용하는 '한국형 기본소득제도'를 제안하고자 합니다.

부실하기 짝이 없는 각종 수당을 개선해 생애주기마다 필수적 기초소득으로 매칭하고, 매칭 수당이 없는 경우에는 새로운 수당을 신설해야 합니다. 아동 양육을 위한 아동수당을, 청년 구직기에는 청년수당을 도입해야 합니다. 성인들에게는 실직이나 폐업, 질병, 장애로 인해 급격히 소득이 감소되지 않도록 실업수당제와 상병수당제를 도입하고 장애수당을 현실화 해야 합니다. 노년기에는 빈곤으로 고통을 받지 않도록 현재의 기초연금급여 수준을 실질화 해야 합니다. 이러한 한국형 기본소득제도야말로 불평등의 심화를 막을 수 있는 근본적이고 혁신적인 대안이 될 것입니다.

각종 복지제도 대대적으로 개혁하고 확충

기초생활보장제도의 엄격한 부양의무기준 적용을 완화하고 최저생계비 수준을 현실화해야 합니다. 또한 보편주의에 입각해 아동과 여성, 노인, 장애인을 위한 사회서비스를 강화하고 공공성을 담보해야 합니다.

불평등과의 전쟁 그리고 정치의 역할

불평등, 불공정이 지배하는 대한민국을 근본부터 바꾸고자 하는 국민의 요구와 열망이 점점 커지고 있습니다. 광화문 광장에 모인 수백만 개의 촛불은 더 이상 불평등, 불공정한 사회구조를 용납하지 않겠다는 주권자의 결연한 의지이자 기득권에 안주하고 있는 정치권에 대한 엄중한 경고입니다.

누구나 제안은 할 수 있습니다. 누구나 약속은 할 수 있습니다. 박근혜 대통령, 어땠습니까? 정의로운 국가? 경제민주화? 대국민 사기극에 불과했음이 만천하에 드러났습니다. 야당은, 우리 민주당은 비판에서 자유로울 수 있을까요? 성과도 있었지만 아직 갈 길이 멉니다. 대한민국이 1%의 기득권자, 특권층만을 위한 비정상적 사회가 된 것은 무능력하고 무기력했던 정치의 책임입니다. 바로 우리의 책임입니다.

결자해지結者解之! 이 모든 문제를 해결할 수 있는 것도 결국 정치입니다. 국민들이 아직 우리 정치에, 민주당에 희망을 걸고 있음을 잊지 말아야 합니다. 정의와 민주주의가 살아있는 나라, 상식과 기본이 살아있는 나라, 평범한 보통 사람들의 꿈이 이루어지는 나라를 만들기 위해 우리 민주당이, 그리고 우리 정치인이 더욱 혁신해야 합니다.

1% 가진 자들이 누려 왔던 정치권력과 경제권력의 독점구조를 깨고, 촛불 광장에 쏟아져 나온 보통 사람들이 나라의 주인임을 확정하기 위해서는 불평등과의 전쟁은 피할 수 없는 길입니다.

국민권력시대를 열고 새로운 대한민국을 만들기 위한 전쟁은 이미 시작되었습니다. 반드시 정의가 승리합니다. 기필코 국민이 승리합니다.

3부

시민의 삶을 바꾸는 3대 민생개혁

민생이 우선이어야 합니다

이 글은 2017년 1월 3일, 경제민주화네트워크·민주사회를 위한 변호사 모임 민생경제위원회·을살리기운동본부 공동주최로 국회 의원회관에서 열린 '민생, 현장에 답이 있다' 타운홀미팅의 기조발제문을 토대로 하였습니다.

국민권력시대의 첫걸음은 첫째도 민생, 둘째도 민생,
셋째도 민생이어야 한다고 생각합니다.
민생을 해결하지 못하는 정치는 죄악입니다.

민생이 승리하는 권력교체를 해야 합니다

2017년, 우리는 국가적으로 중대한 갈림길에 서 있습니다. 국민들께 꿈과 희망을 드리고 덕담을 해야 할 새해 벽두이지만 그렇지 못한 현실이 참으로 안타깝고 답답하기만 합니다. 국민들께 송구하기 이를 데 없습니다.

나라 경제는 곤두박질치고 서민경제는 갈수록 어려워지고 있습니다. 그런데 박근혜·최순실 게이트로 국정이 멈춰버렸으니 국민들의 삶이 얼마나 어렵겠습니까? 다들 숨이 턱턱 막힐 지경이라고들 합니다.

지난 30년 동안 대한민국은 크게 발전했습니다. 경제규모도 세계에서 10등을 바라볼 정도로 커졌습니다. 그런데 왜 우리 서민들은 이렇게 힘들고 어렵고 가난할까요?

그것은 바로 우리 사회가 돈을 가진 자만이 돈을 벌 수 있고, 권력을 가진 자만이 잘 살 수 있기 때문입니다. 돈도 없고 뒷배도 없는 서민들은 뼈 빠지게 일해도 먹고 살기가 팍팍합니다. 아이 키우고, 학교 보내고, 뒷바라지하다 보면 평생 일해도 노후자금은커녕 빚만 늘어나는 게 서글픈 서민들의 현실입니다.

1%의 가진 자가 돈과 권력을 독점하는 사회

이런 불평등한 사회에서는 아무리 노력해도, 우리는 물론 우리 자식들도 돈을 가진 자나 권력을 가진 자를 이기기는커녕 따라잡을 수조차 없습니다.

성실하고 정직한 사람은 실패하고 사기와 부정을 저지르는 자가 성공하는 사회는 결코 발전할 수 없습니다. 불평등한 사회에서는 부정과 불신이 싹트고 불만과 분노가 쌓일 뿐입니다. 따라서 불평등은 만병의 근원이며, 망국의 지름길입니다.

2016년 서울 광화문 광장에서, 광주 금남로에서, 부산 서면에서, 대전에서, 대구에서, 아니 전국방방곡곡에서 국민들이 외친 것이 단지 '박근혜 퇴진' 하나뿐일까요? 잘못된 나라를 바로 세우고, 불평등한 사회를 혁파해서 민생을 해결하라는 외침이자 절규였다고 생각합니다.

개혁하라! 완전히 바꿔라! 과거 적폐를 싹 청산하고 새로운 시대를 열라! 국민들의 목소리가 지금도 생생합니다.

바꾸어야 합니다. 돈과 권력으로 점철된 불평등한 사회는 완전히 해체해 버리고, 이제 다시는 국민들 위에 군림하는 기득권이 존재하지 못하도록 제도와 구조를 완전히 바꾸어야 합니다. 99%의 국민이 진정한 권력을 누리는 새로운 국민권력시대를 활짝 열어 나가야 합니다.

○ 첫째도 민생, 둘째도 민생, 셋째도 민생

저는 광화문에 촛불이 켜진 이후 한 번도 쉬지 않고, 매일 같이 국민들과 부대끼며 그들의 목소리를 듣고 또 들었습니다. 서울시장으로서 민생현장도 샅샅이 훑고 서민들의 어려움을 듣고 있습니다.

서민경제가 너무 어렵습니다. 장기간 불황으로, 그렇지 않아도 힘든 서민경제는 최근 일자리 감소, 중국과의 교역감소, 관광객 감소에 AI까지 덮쳐 이중 삼중의 고초를 겪고 있습니다. 서둘러 제대로 된 대책을 세우지 않으면 서민경제는 붕괴될 조짐마저 보입니다.

경제는 희망이 있어야 살아납니다. 국민들에게 희망을 주지 못하면 경제를 살릴 수 없습니다. 국민권력시대가 별것이겠습니까? 부정이 없는 사회, 부당함이 없는 사회, 특히 돈과 권력에 있어 불공정이 없는 사회가 바로 국민권력시대가 아니겠습니까? 국민들 모두 정당하게 노력하면 먹고살 만한 사회가 바로 국민권력시대의 시작일 것입니다.

따라서 국민권력시대의 첫걸음은 첫째도 민생, 둘째도 민생, 셋째도 민생이어야 한다고 생각합니다. 민생을 해결하지 못하는 정치는 죄악입니다. 정치권은 지금 당장 시급한 민생문제부터 해결해 나가야 할 것입니다.

대기업, 중소기업, 노동, 복지가 동시에 성장하는 '4륜 구동' 경제

지난해 12월 21일, 저는 국회에서 더불어민주당 국회의원 일흔 여덟 분과 함께 '불평등과의 전쟁'을 선언한 바 있습니다. 더불어 1대99의 불평등을 타파하고, 새로운 성장 동력을 확보하기 위해 박원순식 대안으로 '위코노믹스'Weconomics, 모두를 위한 경제를 제안했습니다.

우리 사회가 직면한 미증유의 사회경제적 불평등은 크게 네 가지입니다.

첫째, 재벌 등 1% 기득권 집단에 집중된 경제력입니다.

둘째, 불공정거래와 전근대적 갑을관계에 따른 재벌대기업의 중소영세하청기업 약탈입니다.

셋째, 노동시장 내 비정규직의 확산과 차별의 심화입니다.

넷째, 사회복지 등 재분배 기능의 취약성입니다.

1%의 기득권 집단을 위한 성장은 성장이 아닙니다. 불평등을 타개하지 않으면 성장은 더 이상 불가능합니다.

불평등을 극복하는 것이 가장 효과적이고 강력한 경제성장 전략입니다. 위코노믹스는 더 이상 재벌대기업에 의존하지 않고, 대기업·중소기업·노동·복지라는 네 바퀴가 골고루 동시에 성장을 견인하는 '4륜 구동' 방식의 경제입니다.

먼저 1% 재벌 기득권을 철저하게 해체해야 합니다.

둘째, 중소기업·중소상인·노동자를 보호하고, 복지를 강화해 내수를 확장해야 합니다.

마지막으로 중소기업·중소상인·노동자의 단결권을 보장해 개혁주체를 형성해내야 합니다.

위코노믹스 실현을 위해 차기 정부의 10대 핵심 과제

구체적으로 무엇을 해야 할까요? 위코노믹스 실현을 위해 차기 정부의 10대 핵심 과제를 제시한 바 있습니다.

1. 재벌 소유·지배구조 해체를 위해 재벌 계열분리명령제를 실질화하고, 기업분할명령제를 도입해야 합니다.
2. 원청-하청기업 간 상생협력을 위한 재벌 초과이익공유제도를 도입해야 합니다.
3. 증여세 과세기준을 엄격하게 적용해 공정한 경쟁을 가로막고 시장을 왜곡하는 재벌일감몰아주기를 근절해야 합니다.
4. 중소기업, 중소상인의 공동행위에 대해서는 담합 규정을 적용하지 않도록 해 집단교섭권을 인정해야 합니다.
5. 대기업이 중소기업 적합업종 및 골목상권에 진출하지 못하도록 중소기업 및 중소상인 적합업종제도를 강화해야 합니다.
6. 비정규직을 절반으로 줄이고 비정규직 채용 시에는 정규직보다 더 많은 임금을 받을 수 있도록 해야 합니다.
7. 노동조합을 강화해 노동조합 조직률을 30%까지 끌어올려야 합니다.

8. 막대한 사회적 비용을 유발하는 노사갈등의 해결을 위해 노동이사제를 도입하고, 산별교섭을 보장해야 합니다.
9. 공공부문 100만 일자리 창출로 고용절벽 비상상황에 대처해야 합니다.
10. 모든 국민이 생애주기에 맞춰 인간다운 생활을 할 수 있도록 한국형 기본소득제를 도입해야 합니다.

우선적으로 해결해야 할 3대 민생과제와 해결 방안

그 중에서 반드시 해결해야 할 3대 민생과제와 그 실현방안에 대해 말씀드리고자 합니다.

첫째, 가계부채 문제입니다.

가계부채는 정책실패로 서민들 스스로의 힘만으로는 해결하기 어려운 지경에 이르렀습니다. 이대로 두면 수많은 가계가 파산할 수도 있고 국가경제마저 파탄에 이를 위험이 있습니다. 서둘러 한계채무자를 구제하고, 약탈적 대출을 금지해야 합니다. '경제적 대사면'에 준할 정도의 획기적 대책을 서둘러 마련해야 합니다.

둘째, 국가가 직접 가구소득과 일자리를 늘리는 데 앞장서야 합니다.

한국형 기본소득제를 도입하여 가구소득을 책임지고, 적극적으로 공공부문 일자리를 창출하여야 합니다. 노동을 통해 생활이 충분히 보장되지 못하는 가계에 기본소득을 제공하고 공무원과 같은 일자리를 통해 정부의 적절한 고용규모를 유지하는 동시에 정부가 국민의 생활을 지지하는 서비스도 제공해야 합니다.

셋째, 가계지출 부담을 줄여서 쓰고 남은 돈으로 소비할 수 있게 해야 국가경제가 살아날 수 있습니다.

서민들에게 가장 큰 경제적 부담 중 하나는 주거비입니다. 집을 가진 사람은 담보대출 원리금을 갚느라, 세입자들은 월세와 보증금 대출 이자 때문에 허리띠를 졸라매고 있습니다. 의식주만큼은 투기의 대상이 되어서는 안 됩니다. 올바른 주택정책으로 가계지출만 정상화시켜도 얼마든지 서민들이 살 만한 세상을 만들 수 있습니다.

가계부채 탕감하고 조정하는 '경제적 대사면' 실시

가계부채 문제가 해결돼야 내수가 살아납니다

대한민국 경제를 이끌던 수출이 계속 내리막길입니다. 중국의 성장률 둔화, 브렉시트, 트럼프 대통령 당선으로 인한 미국의 보호무역기조 강화 등 국제여건은 더 나빠지고 있습니다.

내수라도 살아나야 경제성장을 기대할 수 있습니다. 하지만 1,300조 원에 이르는 가계부채를 그대로 두고서는 이마저도 기대난망입니다. 빚이 있는 집에서는 주말 외식마저 꺼릴 수밖에 없기 때문입니다. 그래서, 중산층과 서민 가정의 소비를 유도하기 위해 지금 당장 특단의 가계부채 대책이 필요합니다.

부실대출을 탕감하는 '경제적 대사면' 필요

먼저, 소득과 자산으로 채무 변제가 어려운 가구의 빚을 조정하고 탕감해 주어야 합니다. 빚으로 생긴 과거의 실패를 딛고, 새로운 경제의 주체가 될 수 있도록 '경제적 대사면'이 필요합니다.

이미 많은 대출이 부실 단계에 들어섰습니다만, 이 중에서도 10년 이상 된 부실 대출은 정부가 채권을 매입한 후 전액 탕감하는 것을 적극 검토해야 합니다. 10년이 넘은 부실 대출은 회수 가능성이 낮은 반면, 가혹한 채권추심에 노출돼 인권침해의 우려가 높습니다. 대대적인 탕감이 필요한 이유입니다.

또한 10년이 되지 않은 부실 대출은 정부가 채권을 매입한 뒤 채무를 조정하는 것을 검토할 수 있을 것입니다. 고령자나 장애인, 기초생활수급자 등 상환능력 여하에 따라 탕감을 조정하는 맞춤형 조정 또는 탕감 대책을 시급히 마련해야 합니다.

이러한 채무탕감·조정 정책에는 늘 '도덕적 해이'를 이유로 반대하는 목소리가 있습니다. 그러나, 외환위기 극복과정에서 금융기관 등에 무려 170조 원에 이르는 공적자금을 투입한 전력이 있습니다. 민생위기에 처한 서민들을 위해 공적자금을 투입하지 못할 이유가 없습니다.

박근혜 정부는 국민행복기금을 통해 320만 명의 채권을 매입해 채무를 조정하겠다고 발표하였습니다. 그러나, 고작 97만 명의 채권을 매입하는 데 그쳤습니다. 지금은 말뿐인 가계부채 대책이 아니라, 서민들의 빚 문제 해결을 위해 예산을 더 많이 투입하는 등 적극적인 정책의지를 실현해야 할 때입니다.

아울러 비관적인 경제 전망을 감안해, 한시적으로 파산과 회생 패

스트트랙을 도입하고 회생절차의 변제기간을 5년에서 3년으로 단축해 주어야 합니다. 그렇게 하면 일할 수 있는 사람이 신속히 노동현장으로 복귀함으로써, 개인 회생에도 도움이 될 뿐만 아니라 전체적인 경제여건에도 도움이 될 것이기 때문입니다.

주택담보대출의 조정과 구조개선

두 번째는, 500조 원이 넘는 주택담보대출을 조정하는 것입니다.

과도한 주택담보대출은 금리가 오르면, 원리금 상환부담이 늘어나 가정 경제에 타격을 주게 됩니다. 심각할 경우 집을 잃고 거리로 내몰리는 등 가정이 파탄나기도 합니다.

미국발 금리인상이 목전에 도래한 지금, 주택담보대출에 대해서도 적극적인 대책이 필요합니다. 우선 상환능력이 있는 담보대출의 경우, 장기 고정 저금리 대출로의 전환을 적극적으로 유도해야 합니다.

2014년 6월 기준으로 고정금리대출비중은 18%에 불과하여, 나머지 82%는 금리인상에 큰 영향을 받을 수밖에 없습니다. 이미 정부에서 시행한 바 있는 안심전환대출 등을 적극 활용하여 주택담보대출의 구조를 바꿔가야 합니다.

회생절차에서 저당권자는, 채무자의 재산에서 다른 채권자보다 우선하여 변제받을 수 있는 별제권이 있습니다. 주택담보대출을 부담하는 사람이 회생신청을 하면, 채권자는 별제권을 이용하여 바로 경매신청을 하기 때문에 회생절차를 이용하기 어렵습니다.

1가구 1주택의 경우에는 회생절차에서 별제권을 인정하지 말아야 합니다. 이렇게 되면 집을 그대로 보유하면서, 회생절차를 진행할 수 있어 하우스 푸어들의 주거안정에 획기적인 도움이 될 것입니다.

'채무노예'의 양산을 막기 위해 약탈적 대출 방지

마지막으로 가계부채 안정화를 위한 정책의 기조가 전환되어야 한다는 점을 말씀드리고 싶습니다.

먼저, 부동산경기부양을 위해 '빚내서 집사라'고 부추기는 일이 없어야 합니다. 갚을 수 있을 만큼 빌리고, 폭리를 줄이고, 집으로 생긴 빚은 집으로 갚고, 일상적 관리를 통해 건전한 가계재무상황을 유도하는 것으로 방향을 잡아야 합니다.

갚을 수 있을 만큼만 빌리는 관행을 확립하려면 상환능력에 따라 감당 가능한 만큼만 대출하도록 하는 이른바 '공정대출법'을 제정할 필요가 있습니다.

폭리 제한 역시 중요한 과제입니다. 현재 연 27.9%인 대부업법 최고금리와 연 25%인 이자제한법의 최고금리를 연 20%로 통일시키고, 나아가 최고금리를 15% 정도까지 단계적으로 인하해야 합니다. 최근 금리 상승에도 불구하고 예금금리는 저금리에 머물고 있는 측면을 감안할 때 더욱 그렇습니다.

또 하나 중요한 조치가 '유한책임대출'을 확산하자는 것입니다. 담보 부동산의 가치가 채권액수에 미치지 못하더라도, 담보로 한 실물자산 이외에 대해서는 상환요구를 할 수 없도록 하자는 것입니다. 쉽게 말해서 집으로 빌린 돈은 집으로만 갚을 수 있도록 하자는 것입니다. 이렇게 하면 채무자의 권리와 가정경제의 안정을 어느 정도 지켜줄 수 있을 것입니다.

국립금융복지센터 설립과 금융복지상담센터 전국 확대

현재 서민금융 대출과 상담을 담당하는 서민금융진흥원은 채권자 우호적이라는 비판과 함께 금융위, 금감원 퇴직자의 재취업 창구라는 비판까지 받고 있습니다.

따라서 서민금융상품 취급 업무를 분리하여 담당하는 가칭 국립금융복지센터 설립을 제안합니다. 국립금융복지센터를 통해 서민에게 금융대출을 하는 것은 물론이고, 각 지자체 및 중앙정부의 정책과 연계하여 노동·주거·복지상담까지 수행할 수 있습니다.

재테크를 넘어, 재무상담의 일상화를 통해 건전하게 가정경제를 꾸릴 수 있도록 돕기 위해 금융복지상담센터를 전국으로 확대할 것을 제안합니다.

서울시는 이미 13개의 자치구별로 금융복지상담센터를 운영하며 채무상담뿐만 아니라 재무상담과 복지서비스를 연계해 제공하고 있습니다. 2013년 7월부터 2016년 8월까지 파산·회생을 통해 5천억 원이 넘는 채무를 탕감하는 성과를 낸 바 있습니다. 4만 5천 건에 이르는 통합 상담을 통해 서울시가 재무주치의 역할을 수행하고 있습니다. 이것을 전국적으로 확대할 것을 제안합니다.

소득과 일자리를 늘리는 정책

첫 번째, 한국형 기본소득제 도입

생활고를 비관해 자살한 송파 세 모녀 사건을 기억하십니까? 죽음이 가까운 노인의 자살이 세계 1위라는 어처구니없는 현실이 우리 사회의 자화상입니다. 위기 앞에 취약한 가정경제의 보호막이 되어주는 것이 국가의 책무입니다. 노동소득 등 가구소득이 줄어드는 상황에서 국민의 생존권을 보장하고 빈곤층으로의 추락을 막기 위해서는 생애주기별로 닥치는 어려움을 미연에 방지하도록 사회적으로 제공되는 소득이 있어야 합니다.

생애주기별로 촘촘하게 기본소득개념 적용

그런 점에서 최근 전세계적으로 화두가 되고 있는 기본소득의 개념을 한국의 상황에 맞게 받아들일 필요가 있습니다. 이미 우리 사회에 이런저런 복지제도가 적지 않게 도입되어 있기는 합니다. 무상보육, 아동양육수당, 한부모수당, 취업성공패키지, 실업급여, 기초생활보장제, 육아휴직급여, 국민연금, 기초노령연금 등이 그것인데 주먹구구식으로 만들어져 빈틈이 많은 실정입니다. 저는 기본소득 개념을 우리나라 현실에 맞게 창의적으로 응용하여, 생애주기별로 촘촘하게 적용하는 '한국형 기본소득제도'를 제안합니다.

풍전등화와 같은 민생경제를 최소한으로 지켜내는 역할

영유아기와 아동기에는 아동수당이라는 '아동기본소득'을, 청년기에는 서울시에서 시도했던 청년수당을 확대한 '청년기본소득'을, 중장년기에는 상병傷病수당과 실업부조제도, 국민소득보험과 같은 새로운 제도 도입을 통해 실업과 질병 등으로 소득이 격감하는 것을 방지하는 '국민기본소득'을, 노년기에는 현재의 기초연금 수준을 인상하여 심각한 노인빈곤을 타개하는 '노인기본소득'으로 개편하는 등 국민들의 생애주기에 맞는 촘촘한 소득안전망을 짜자는 것이 제가 제안하는 '한국형 기본소득제'입니다. 이러한 한국형 기본소득제도야말로 풍전등화와 같은 민생경제를 최소한으로 지켜내는 역할을 할 것입니다.

두 번째, 공공부문에서 100만 개의 안정된 일자리 창출

한국형 기본소득제를 제안드렸습니다만, 서민경제의 버팀목을 만드는 것은 다음의 두 가지 축이 병행되어야 합니다. 하나는 좋은 일자리가 생겨나 가정경제의 수입이 안정되는 것이고, 다른 하나는 각 가정에서 지출하는 사회서비스 비용을 줄여 위기에 대응할 수 있는 여력을 만드는 것입니다.

공공부문에서 매년 10만 명씩, 10년 동안 100만 개 일자리 만들 것

국민에게 국가가 책임지는 양질의 민생서비스를 제공하기 위해 서구복지국가처럼 공무원 또는 그에 준하는 안정된 신분을 보장하는 일자리를 만들어보면 어떨까요? 정원조차 채우지 못한 소방공무원, 경찰, 사회복지공무원, 식품감시인력 등 기초적인 정부 역할을 정상 수준까지 올리는 것만으로도 많은 일자리가 필요합니다. 나아가 서울시가 만든 에너지컨설턴트, 도시농업전문가 등과 같이 새로운 서비스를 창출해 직업 자체를 만들어낼 수도 있습니다. 국가가 당연히 제공해야 할 서비스를 제공하면서 일자리도 창출하자는 것입니다. 우선 국민생활을 지키는 기본서비스에 주력하는 전문 인력 위주의 지방공무원 일자리를 늘려야 합니다. 예컨대 복지, 교육, 고용, 소방 등 국민생활 보호와 직결되는 인력을 일정 수준까지 확보하자는 것입니다.

먼저 이런 일자리를 매년 10만 명씩 10년 동안 만들면 100만 개의 좋은 일자리가 새로 생겨납니다. 이렇게 만들어진 일자리는 유효수요를 확대하여 성장 동력으로 작동하게 될 것이며, 좋은 일자리를 얻은 가구는 경제위기를 버텨내는 사회적 완충지대가 되어줄 것입니다.

질 낮은 공공근로가 아닌, 양질의 일자리 창출 가능

이미 정부는 공공일자리를 위해 매년 17조 원에 달하는 예산을 쏟아 붓고 있습니다. 그러나 이렇게 큰 재정을 들여서 공공근로와 같은 질 낮은 일자리만 양산할 이유가 없지 않습니까?

정부가 장기적인 안목으로 고민하면 얼마든지 질 좋은 일자리를 창출할 수 있습니다. 이는 서울시의 사례를 통해 증명할 수 있습니다. 서울시는 2016년에는 청년 뉴딜일자리 사업에 251억 원을 투입해 1,892명의 고용을 창출했고, 올해는 679억 원을 투입해 5,400개의 일자리를 창출할 예정입니다. 보육도우미, 어린이집 방문간호사, 여성 안심귀가스카우트를 비롯한 새로운 공공서비스 영역을 만들고, 이 서비스를 제공하는 데 820억 원을 들여 경력단절여성 4만 7천여 명을 고용하기도 했습니다.

제가 제안하는 공공부문 100만 개의 일자리는 기존의 공공근로 같은 임시적이고 질 낮은 일자리를 말하는 것이 아닙니다. 국민에게 필요한 사회서비스를 제공하면서 공무원 또는 준공무원 수준의 안정적인 일자리도 제공하는 두 마리 토끼를 잡는 혁신적인 일자리입니다.

사회서비스공단으로 두 마리 토끼 잡을 수 있어

공무원 또는 준공무원 수준의 일자리이면서 국민이 받을 수 있는 사회서비스를 확대하는 방법, 바로 사회서비스공단으로 실현할 수 있습니다.

현재 시행되는 민간위탁 방식의 공공서비스는 공공성 확보에 한계가 있으며, 시설의 사유화, 보조금 집행의 도덕성 해이 등 여러 가지 문제가 드러난 바 있습니다. 서비스의 질은 낮은 반면 예산은 많이 드는 비효율적인 방식이며 해당 종사자의 근로조건과 신분도 불안정해 지속가능하지 않다는 것 또한 일관된 지적입니다. '시설관리공단'과 같은 형식의 사회서비스공단을 만든다면 공공서비스의 질도 관리할 수 있으면서, 종사자의 신분도 준공무원 수준으로 보장할 수 있습니다. 이렇게 예산을 효율적으로 집행하면 두 마리 토끼를 잡을 수 있습니다.

IT, 4차 산업혁명, 공공인프라 등 다양한 일자리를 만들 것

공공일자리는 사회서비스 부문에만 창출될 수 있는 것은 아닙니다. 물론 정원조차 채우지 못한 소방공무원, 경찰관, 사회복지공무원, 식품감시 인력 등 기초적인 정부 역할을 정상 수준까지 확대하는 데 배치하는 것이 1차적일 것입니다.

그러나 나아가 4차 산업혁명을 대비한 기술혁신 선도인력, 공공부문에서의 IT 인력, 또는 서울시의 사례와 같이 새로운 공공서비스를 창출하여 새로운 일자리를 창출하는 것까지 다양하게 가능합니다. 급격한 사회 변화에 따라 없어지는 일자리도 많겠지만 새롭게 등장할 일자리들을 탐색할 수 있고, 국민의 편의를 위한 서비스를 설계하는 과정에서 그에 맞는 일자리를 만들 수 있습니다.

세 번째,
중소상공인을 보호·육성해야 경제가 살아난다

서민경제의 한 축을 꼽으라면 가정경제와 더불어 중소상공인을 빼놓을 수 없습니다. 중소상인의 수가 약 560여 만 명에 이르고, 그 가족까지 포함하면 거의 2천만 명의 생존이 중소자영업 시장에 달려 있기 때문입니다. 저는 새로운 경제비전으로 모두를 위한 경제, 위코노믹스Weconomics를 제안했습니다. 재벌 등 우리 사회 1%가 부를 독점하고 나머지 99%는 소외되는 경제체제를 대기업과 중소기업, 노동과 복지가 함께 성장을 견인하는 체제로 바꾸자는 것이 바로 위코노믹스의 핵심입니다.

우리 중소상공인은 국민경제의 중추적 역할을 맡고 있음에도 대기업의 막대한 경제력에 압도되어 대등한 협상력을 갖지 못하고, 중소기업 영역과 골목상권을 잠식당하고 있습니다. 이미 일감몰아주기, 초과이익공유제 등 재벌개혁 방안과 함께 중소상공인 적합업종제도 개선 등 중소상공인 보호 방안을 말씀드렸습니다만, 그 외의 중소상공인 보호 방안 몇 가지를 더 말씀드리겠습니다.

중소상공인의 집단교섭권을 인정하고, 상생협약 활성화

중소상공인이 대기업을 상대로 대등한 지위에서 협상하려면 집단교섭이 인정되어야 합니다. 현행 가맹사업법은 가맹본사와 가맹점주가 상생협약을 체결할 수 있도록 되어 있지만 가맹본사가 상생협약을 이행하지 않는 경우 강제하거나 제재할 방법이 없습니다.

또 대리점 등은 공정거래법이 사업자들의 공동행위를 부당한 것으로 금지하고 있어 집단교섭을 할 수가 없습니다. 따라서 대리점 등이 대기업과 상생협약 체결을 위해 집단교섭을 하는 경우 '부당공동행위', 즉 담합으로 규정되지 않도록 해야 합니다. 나아가 대기업이 상생교섭에 응하지 않거나 상생협약을 이행하지 않는 경우에는 과징금을 부과하는 등의 제재 방안이 필요합니다.

중소상공인 적합업종제도 강화

현행 적합업종제도는 대기업의 동의가 있어야 적합업종 지정을 할 수 있습니다. 그런데 대기업이 중소상공인 적합업종에 진출할 경우에는 제재할 방법이 없어 그 실효성마저 매우 낮습니다.

따라서 대기업의 동의 없이 적합업종지정을 지정할 수 있도록 해야 합니다. 또한 대기업이 적합업종사업에 진출하면 우선 중소기업 또는 중소상인에게 사업을 이양하도록 권고하고, 권고에 따르지 않으면 계열분리명령이나 기업분할명령 등 강력한 법적제재를 가해야 합니다.

공정거래위원회의 전속고발권을 폐지하고, 역할은 조정

공정거래위원회의 전속고발권을 폐지하고, 제 역할을 다하지 못하는 공정거래위원회의 권한을 조정해서 불공정행위 감독업무를 지방자치단체에 이관하는 것이 바람직합니다.

공정한 거래에 대한 감시와 고발의 권한은 모든 국민과 모든 이해당사자에게 있어야 합니다. 공정거래위원회만이 불공정 거래를 고발할 수 있도록 하는 것은 국민의 기본권에도 위배되기 때문입니다.

신용카드사와 가맹점 간에 공정한 수수료율 적용

현행 여신전문금융업법령에 따라 연 매출액 3억 원 이하의 영세한 중소신용카드가맹점은 매출 규모에 따라 0.8%에서 1.3%까지 우대수수료율을 적용받고 있습니다. 또한 연매출 10억 원을 초과하는 대형가맹점은 경제적 협상력을 바탕으로 평균 1.96%의 수수료율을 적용받고 있습니다.

그런데 그 사이에 낀 연매출 3억 원에서 10억 원 이하인 일반가맹점은 카드수수료율 등의 거래조건에 대한 집단협상권이 없어 평균 카드수수료율이 2%가 넘습니다. 따라서 연매출 3억 원 이상 10억 원 이하 일반가맹점들에게도 카드수수료율을 협상할 수 있는 권한을 보장하고, 1%대의 우대수수료율을 적용해야 합니다. 나아가 카드수수료율 상한제를 도입해 공정한 시장 질서를 확립해야 합니다.

상가건물임대차제도 개선

대부분의 자영업자들은 타인의 점포를 임차하여 장사를 하고 있습니다. 그런데, '조물주 위의 건물주'로 불리는 임대인의 횡포로 인해 아무리 열심히 장사해도 임대료를 내고 나면 남는 게 없다고 할 정도입니다. 현행 상가건물임대차제도를 선진국처럼 개선해야 합니다.

먼저, 법의 적용범위 제한을 없애야 합니다. 현재는 환산보증금이라는 기형적인 기준으로 법의 적용 여부를 정하고 있습니다. 그러다보니 서울이나 대도시에서는 주요 상권 대부분의 상가점포가 법의 적용을 받지 못하는 문제가 발생하고 있습니다. 모든 상가건물임대차에 적용하도록 해서 임차인을 폭넓게 보호해야 합니다.

현재 상가건물 임차인이 계약갱신을 요구할 수 있는 최장 기간은 5년에 불과합니다. 이렇다보니 일본과 같이 한 곳에서 몇 대째 가업을 이어가며 오랫동안 장사를 하는 것은 꿈같은 일입니다. 일본을 비롯한 대부분의 선진국에서는 수십 년 동안 장사를 할 수 있도록 제도가 정비되어 있습니다. 임차인이 안정적으로 영업할 수 있도록 임대차 기간을 최소한 10년으로 늘려야 합니다.

그리고 시행령에서 임대료 인상율의 상한선을 연 9%로 정한 것은 지금과 같이 불경기가 지속되는 상황에서는 비현실적이라는 비판이 많습니다. 인상률을 물가상승률에 연동해서 낮추거나, 인상률을 정하기 전에 지역사정을 잘 아는 지방자치단체의 의견을 듣도록 하는 등의 제도개선이 필요합니다.

7장

세대통합형 주택정책으로 주거비 부담 축소

집 걱정 없는 나라를 만듭시다

급격한 도시화와 인구증가 속에서 절대적 주택부족은 어느 정도 해결되었지만, 그 이면에는 높은 주택가격과 1,300조 원에 달하는 가계부채, 지속적인 전·월세 상승이라는 문제가 공존하고 있습니다.

무엇보다 주거문제는 가계부채와 밀접히 연관되어 있습니다. 가계부채와 주거불안은 동전의 양면과도 같이 서로 맞물려 있는 것이 현실입니다. 이렇게까지 된 원인은 정부가 부동산시장 활성화를 경제 활성화 수단으로 이용하면서 빚내서 집 사라는 정책에만 몰두했기 때문입니다. 그리고 그 결과 우리나라에는 세대 간 전쟁이 벌어지고 있습니다. 베이비부머 세대의 대부분은 전 생애에 걸쳐 형성한 자산이 바로 자신이 살고 있는 주택입니다. 서민의 경우에는 주택마련이 노후대책인 경우가 대부분입니다. 그런데 성장이 정체되면서 주택가격 상승이 주춤하는 추세이고, 뉴타운·재개발 사업이 중단 또는 지체되면서 개발을 통해 자산 가치를 높이는 것 역시 불가능해졌습니다. 주택의 자산가치가 하락은 곧 중·고령세대의 기대소득 감소로 이어집니다.

한편 청년세대는 낮은 소득과 스스로 힘만으로는 감당하기 어려운 주택 가격, 급격한 월세화로 인해 심각한 주거불안에 시달리고 있습니다. 이는 늦은 결혼과 저출산의 큰 원인으로 꼽히기도 합니다. 집이 유일한 자산인 중·고령세대는 집값과 전·월세가 유지되거나 올라야 노후생활이 가능한데, 그 자녀들인 청년세대들은 높은 전·월세 때문에 내집마련은커녕 생활조차 쪼들리고 있는 세대모순에 빠져 있는 것입니다.

이제는 중·고령세대와 청년세대의 이해관계를 조화시키는 정책을 펼쳐야 합니다. 중·고령세대는 주택을 통해 일정한 수익을 보장받도록 하고, 청년세대는 질 좋은 저렴한 임대주택에서 살 수 있도록 하는 세대 통합적 주택정책이 필요합니다.

도시재생, 역세권 개발을 통해 값싸고 질 좋은 주택 공급

과거와 달리 지금은 대규모 택지 개발이 불가능하고 노후 저층주거지에 대한 전면철거방식의 개발도 어렵습니다. 따라서 도시재생과 역세권 중심 개발을 통해 부담 가능한 임대주택을 공급하겠습니다.

첫째, 대규모 전면철거방식의 개발이 어려운 단독·다가구 저층주거지 지역에 도시재생을 활성화하여 주택 자산 가치를 높임과 동시에 저렴한 임대주택을 공급하겠습니다. 이를 위해 용적률 완화, 주차장 규제 완화, 세제 및 자금 지원, 커뮤니티시설 제공 및 그 관리 지원 등을 하고, 그 공공지원의 대가로 건물주는 청년·신혼부부에게 저렴하게 임대주택을 제공하겠습니다.

둘째, 역세권은 용도 지역 상향, 주차장 규제 완화, 주택도시기금의 투자 및 보증 확대, 사업절차 간소화를 통해 개발을 촉진하여 소형 임대주택을 획기적으로 늘리겠습니다. 서울시가 시행하고 있는 역세권 2030청년주택은 건설되는 주택의 전부를 임대주택(공공임대주택 15~25%, 나머지 물량은 민간임대주택)으로 공급하고 있는데, 이를 전국적으로 확대실시하고, 임대료도 현재 수준보다 저렴하게 책정하겠습니다.

청년·신혼부부에게 매년 20만호의 공공임대주택 공급

OECD는 소득 대비 주거비 부담 비율(RIR)이 20%를 넘지 않도록 권고하고 있습니다. 하지만 수도권 거주 청년가구의 69.9%가 RIR이 30%를 넘고 주거환경도 상당히 열악해, 기본적인 생활수준을 잠식할 정도입니다.

사회에 이제 막 발을 내딛는 청년, 신혼부부는 당장 집이 필요하지만, 스스로의 힘만으로 장만하기 어려운 것이 현실입니다. 신혼부부는 내 집 마련의 부담 때문에 출산을 연기하거나 축소하고 있습니다. 또 소득의 절대량을 주거비로 지출할 수밖에 없는 청년층에게도 임대주택을 공급해야 합니다. 따라서 청년, 신혼부부 등 사회의 출발점에 선 국민의 주거부담을 완화하기 위해 다음과 같은 방안을 제안합니다.

첫째, 건설·매입·전세임대 등 다양한 공공임대주택을 매년 20만 호 공급하고, 그 중 10만 호를 중산층 이하 신혼부부에게 집중 공급하겠습니다. 또한 일정 소득 이하의 청년에게는 월 임대료 20~30만 원 수준의 쉐어하우스 5만 호를 공급하겠습니다. 저는 서울시장 민선 5기 중에 8만 호 이상의 임대주택을 공급했고, 민선 6기에도 8만 호의 임대주택을 차질 없이 공급하는 등 공공임대주택을 획기적으로 늘린 바 있습니다.

둘째, 현재 저소득층에게 주거급여를 지원하고 있습니다만 특별한 보호가 필요한 청년, 신혼, 저소득층 가구에 지원하는 특별주거급여 신설이 필요합니다. 중앙정부 차원에서 정책을 설계한다면, 연간 5천억 원 정도의 재정이 소요될 것으로 예상합니다.

셋째, 내 집 마련을 희망하는 신혼부부에게 시세보다 싼 분양주택 물량의 30% 정도를 우선 공급하겠습니다. 또한 초장기 주택원리금 상환 상품을 개발하고, 내 집 마련 자금 대출의 신청자격 완화 및 대출 기준금리 인하 등 신혼부부에 대한 주택자금 대출 지원을 강화하겠습니다.

넷째, 전세자금 대출 수준을 도시지역에 맞게 현실화하고 이자율을 낮춰 부담을 최소화하겠습니다. 이미 서울시에서는 무이자로 보증금을 지원하는 장기안심주택을 공급한 바 있습니다.

임대주택등록제와 임대차계약갱신제도 도입

지난해 3월, 서울 인구 천만 명 시대가 28년 만에 막을 내렸습니다. 전·월세 대란의 여파입니다. 높은 전·월세 가격을 감당하지 못해 경기도 등으로 이주한 것이 그 이유인데, 그분들의 일터는 여전히 서울인 경우가 대부분입니다. 사는 곳이 일터로부터 멀어지면서 출퇴근 전쟁이 심화되고, 삶의 질은 그만큼 떨어지게 됩니다. 이런 사정을 차치하더라도 거주의 자유와 주거권 보장이라는 인권적 차원, 주거비 부담 증가로 인한 민간소비 위축, 내수경제 침체 등 경제적 부작용을 고려한다면 임대차 안정화제도는 현재보다 훨씬 더 강화되어야 합니다.

이를 위해 첫째, 임대주택 등록제를 단계적으로 시행해야 합니다. 먼저 1가구 3주택 이상을 의무화하고, 1가구 2주택으로 확대해야 합니다. 서울시에서는 당사자의 자발적 참여에 따른 것이기는 하나 '주택 임대차 월세계약 조사'를 2015년 일부 지역에서 시범 실시하였으며, 2016년 8월부터는 서울 전역으로 확대한 바 있습니다. 5개 동에서 시범적으로 실시해보니, 보증금이 많지 않아 확정일자를 받지 않는, 이제까지는 통계에도 잡히지 않던 계약이 10% 이상을 차지하는 것으로 나타났습니다. 서울시의 이러한 성과는 차후 임대차등록 시행의 밑거름이 될 것입니다.

둘째, 임대차계약갱신제도를 도입하여 장기 임대차를 보장해야 합니다. 또한 임대차계약이 갱신되는 경우, 새로운 임대료는 지방자치단체가 공시한 표준(공정)임대료를 참고하여 집주인과 세입자가 정하도록 해야 하고, 만약 계약 당사자 사이에 분쟁이 있으면 임대료 분쟁조정을 통해 조정할 수 있도록 해야 합니다. 임대료를 조정하는 경우에도 임대료 인상률이 일정한 상한선을 넘지 못하도록 하는 임대료 인상률 상한제를 병행해야 합니다.

집요한 실천가들이 연대하면 민생이 승리합니다

제가 이렇게 주장하면 왜 그렇게 퍼주는 정책만 내느냐는 비판을 하실 수도 있을 것입니다. 지난 외환위기 극복 과정에서 금융기관 등에는 무려 170조 원의 공적자금이 투입됐습니다. 왜 기업에 주는 돈은 '지원'이라 하고, 국민에게 지원하는 것은 '퍼주기'라고 합니까? 국가가 국민을 위해 쓰려고 세금 걷는 것 아닌가요?

쓸데없는 지출을 줄이고, 기업으로부터 세금만 제대로 걷어도 제가 말씀드린 것들은 얼마든지 가능합니다. 불필요한 토건예산 축소와 같은 세출 구조조정, 융자부문 지출개혁 등 재정개혁을 통해 연 33조 원 정도의 여력을 만들어낼 수 있습니다.

대기업 법인세 감면액 삭감 및 법인세율 인상, 상장주식 양도차액 과세, 탈세 억제 등 조세개혁을 통해 연 17조 원 정도의 추가 세원도 확보할 수 있습니다.

통합적인 공공투자관리체계구축과 같은 공공부문 개혁을 통해 또 4조 원 가량을 확보할 수 있습니다.

이 금액을 합치면 무려 54조 원입니다. 결국 예산의 문제가 아니라 의지의 문제인 것입니다.

아직 끝나지 않은 촛불시민혁명은 우리사회의 기득권 카르텔과 불평등 구조를 혁파하라고 명령했습니다. 이 명령은 하루하루가 고통스러운 서민의 민생문제 해결을 통해 모두를 위한 대한민국을 만들라는 명령이기도 합니다.

올해 치러질 대선은 이 준엄한 명령을 구체화시키고 실현해 나가는 과정이어야 합니다. 그런 의미에서 저는 민생문제의 최우선 해결에 공감하는 모든 세력이 연대하는 민생연대를 제안합니다. 오랜 시간 동안 구조적으로 고착화된 관행을 바꾸는 일은 분명 쉽지 않은 여정일 것입니다. 모든 민주·민생 세력의 적극적인 연대와 협력이 필요한 까닭입니다.

누구나 제안은 할 수 있습니다. 누구나 약속은 할 수 있습니다. 그러나 지금은 집요하게 실현시키는 혁신가가 필요한 때입니다.

모든 정치권이 오로지 국민만을 바라보며 한 발 한 발 내디뎌야 할 때입니다. 저는 서울시에서 하겠다고 약속한 것은 반드시 실현해 왔습니다. 다양한 민생 현장의 소리를 겸허히, 가슴으로 듣겠습니다. 한평생 서민의 목소리를 듣고, 그분들의 요구를 실현해 온 것처럼, 앞으로도 성실하게 듣고 집요하게 실천하겠습니다. 기필코 국민이 이깁니다.

4부

아이들이 행복한 교육혁명

입시지옥에서의 해방

이 글은 2017년 1월 12일, 국회의원 기동민 · 김민기 · 유은혜, 교육감 민병희 · 이재정 · 장만채 · 조희연의 초청으로 국회 의원회관에서 열린 '입시지옥에서 해방, 교육혁명의 시작' 토론회의 기조발제문을 토대로 하였습니다.

4차 산업혁명시대를 선제적으로 대비하는 담대한 교육개혁을
통해 대한민국의 뿌리부터 튼튼하게 다시 만드는 개혁을
국민과 함께 시작하겠습니다.

절망의 교육에서
희망의 교육으로!

지금 우리 교육은 부와 계층의 대물림을 위한 수단으로 전락해 버렸습니다. 심각한 교육 양극화로 인해 더 이상 '개천에서 용 난다' 하기가 어려운 세상이 되어버렸습니다.

정유라 부정입학 사건에서 드러난 것처럼 소수의 특권층은 대학 입학조차도 돈과 권력으로 살 수 있다고 인식하고 있으며, 복잡하기 이를 데 없는 대학입시 제도는 교육의 부익부 빈익빈 현상을 부채질하고 있습니다.

한국 청소년들의 행복지수는 OECD 꼴찌 수준이라고 합니다. 10명 중 9명의 학생들이 과도한 학업 경쟁으로 스트레스를 받고 있으며, 심리 상담과 치료가 필요한 초중고생은 6만 명이 넘습니다. 1년에 550명, 하루에 1.5명의 청소년들이 자살하고 있습니다.

대학교에 이어 고등학교까지 서열화된 교육현실 속에서, 초등학교 때부터 과도한 입시경쟁에 내몰려 있는 아이들은 점차 학교수업에 흥미를 잃고 사교육시장에 중독되고 있습니다.

1년 사교육비 지출은 17조 8천억 원이 넘습니다. 사교육 때문에 학부모님들의 허리가 휘고, 공교육은 휘청거립니다.

절망의 교육을 희망의 교육으로 전환해야

모든 학생들을 끝없는 경쟁으로 내몰고 대다수를 패배자로 만드는 교육에서 벗어나야 합니다. 우리 청소년에게 절망과 죽음을 부추기는 교육의 시대를 끝내야 합니다. 단순한 암기력이 아닌 창의성과 비판적 사고, 협력을 통한 문제해결 능력을 키워주는 교육이 필요한 시대입니다. 절망의 교육을 희망의 교육으로 전환하기 위해서는 교육을 개인의 책임, 가정의 책임으로 떠넘기지 말아야 합니다. 선진국들이 국가적 차원의 전략으로 교육에 대한 지속적인 투자와 공공성을 확장해온 것처럼, 우리도 원대한 교육대개혁의 국가적 전략을 갖고 교육혁명을 시작해야 합니다.

첫째, 교육 불평등 문제 해결

국가는 모든 국민이 어떤 이유로도 차별받지 않고 질 높고 평등한 교육을 받을 수 있도록 보장해 주어야 합니다. 사회경제적 불평등과 교육 불평등이 원인과 결과로 반복되는 악순환의 고리를 혁파해야 합니다.

둘째,
교육자치

학교자치와 교사 및 학교 노동자의 권리를 획기적으로 강화해야 합니다. 이를 통해 권위주의적이고 시대착오적인 관치교육 대신 민주적이고 자율적인 분권과 자치 교육의 가능성을 열어나갈 수 있습니다. 그리고 학교 구성원 모두가 함께 이를 실천해 나갈 수 있습니다.

셋째,
교육복지 강화

교육복지는 교육불평등 해소를 위한 기반을 마련할 수 있게 합니다. 더 나아가 교육의 질과 안전성을 높여 21세기에 걸맞은 새로운 교육의 기회를 만들 수 있게 합니다.

8장

교육혁명을 위한 10대 개혁 방안

교육불평등부터 해소되어야 합니다

1. 국공립대 통합캠퍼스로 서울대 중심 서열화 폐기

'유튜브 강의가 최고의 교육 사이트'가 되는 시대가 되었습니다. 무크MOOC를 통해 우리 아이들은 하버드, MIT, 스탠포드 등 세계 최고의 대학 강의를 무료로 수강할 수 있게 되었습니다. 수강생들은 원하는 강의를 무제한으로 안방에서 혹은 지하철에서 학습할 수 있게 되었습니다. 지구적 차원에서 '교육혁명'이 일어나고 있는 것입니다.

하지만 우리 교육은 어떻습니까? 'SKY'로 상징되는 명문대학을 기준으로 전국의 대학들이 일렬로 늘어서 '순위' 싸움을 하고 있습니다.

그로 인해 서울 소재 상위권 대학 못지않은 명성과 역량을 자랑하던 지역의 우수 국공립대학교들은 힘을 잃었습니다. 서울 소재 대학을 가기 위한 경쟁은 더욱 치열해지고, 학부모의 사교육 부담은 급증했습니다. 우수한 인재들이 지역을 떠나 서울에 몰리다보니 국가의 균형발전에도 심각한 문제가 발생했습니다.

교육 대개혁, 사회 대개혁을 이루기 위해서는 우리 사회를 지배하고 있는 대학 서열과 특권체제부터 타파해야 합니다. 이른바 '스카이대'(서울대, 연·고대)와 '지잡대'로 표현되는 대학의 서열체제를 없애고, 출신 대학에 따라 특권과 차별이 당연시되는 현실을 뜯어 고쳐야 합니다. 사람들이 학력에 따라 차별받지 않는 사회를 만들어야 합니다.

이를 현실화하는 핵심 방안으로 저는 '국공립대 통합캠퍼스'를 제안합니다. 서울대를 정점으로 한 '대학의 서열화'를 '수평적 다양화'로 바꾸기 위해 인력과 프로그램, 그리고 학위를 공유하는 통합국공립대학으로 전환하는 것입니다.

'국공립대 통합캠퍼스'의 첫단계는 서울대, 경북대, 전남대, 부산대 등 10개 지역거점 국립대학을 파리식 종합국립대학으로 전환하는 것입니다. 지역거점대학들은 통합네트워크를 구축하여 교육과정을 공유하고, 학사관리 및 학점을 교류하며, 공동학위를 받게 됩니다. 전국적으로 각각의 거점국립대학들이 지금처럼 1등부터 꼴찌까지 서열화되는 것이 아니라, 최고 수준의 교육프로그램을 공유하면서 특성화를 하고, 중심학문영역도 분업을 하자는 것입니다. 이 길이 전국의 국공립대를 살리는 길이고, 우리 대학의 글로벌 경쟁력도 높이는 길입니다.

이런 의미에서 '국공립대 통합캠퍼스' 구상은 '서울대 폐지론'인 동시에 전국의 국공립대학들을 '서울대' 수준으로 끌어 올리는 방안이기도 합니다. 모든 국공립대학에서 서울대 이상 가는 질 높은 교육이 이루어지도록 대학을 상향평준화 하겠다는 것입니다.

이렇게 대학 교육 개혁에 박차를 가해야 우리 아이들이 망국적인 입시지옥으로부터 해방될 수 있으며, 창의적인 교육환경 속에서 언제, 어디서든 세계적 수준의 양질의 교육을 받을 수 있게 됩니다.

2. 대학간판 없어도 잘 먹고 잘 사는 시대

대한민국 교육을 근본적으로 재정립해야 합니다. 고등학교의 서열화가 심화되면서 초등학교, 중학교 때부터 극도의 경쟁교육이 심화되었습니다. 더욱 큰 문제는 일반계 고등학교에서는 정상적인 교육이 불가능한 수준이 되었다는 것입니다.

고등학교 교육의 질을 높이고, 21세기를 대비하는 교육이 이루어지도록 하기 위해서는 우선 고교체제를 전면 개편해야 합니다. 보편적 교양 교육을 강화하면서, 희망하는 분야에 대한 심화된 강좌를 들을 수 있도록 해야 합니다.

일부 특목고에서 특별한 분야의 기능적 지식을 습득하는 데 치우친 교육이 아니라 일반 고등학교 안에서의 다양한 심화 프로그램을 만들어 활성화 해야 합니다. 고등학교 교육을 보편적으로 업그레이드하는 것을 목표로 중학교와 같은 고등학교가 아니라 대학교와 같은 고등학교를 만들어야 합니다. 자사고나 외국어고 등은 새로운 고교 체제 속으로 흡수되어야 합니다.

고등학교만 졸업해도 취업을 걱정하지 않을 수 있고, 독립적으로 살아갈 수 있는 사회적 환경을 만들어야 합니다. 대학을 졸업한다고 해도 취업이 보장되지 않음에도 불구하고 70% 가까운 고졸자들이 무조건 대학에 진학하는 학력 인플레이션을 잡아야 합니다. 이를 위해서는 고졸자들을 우대하는 일자리가 많아져야 하고, 직업교육제도는 북유럽식으로 혁신해야 합니다.

중앙정부와 지방자치단체, 공기업 등 공공부문에서 고졸자 채용 인원을 크게 확대해야 합니다. 사기업도 특정 업무의 경우 고졸자 중심의 채용이 확대되도록 촉구해야 합니다. 서울시는 이미 특성화 고등학교 졸업자의 공직임용기회 확대를 위해 기술직 9급의 30%를 이들 고졸자 중에서 선발하고 있습니다. 고졸자들에게 공무원임용의 특혜를 주는 것입니다.

고졸자를 우대하는 이러한 조치가 모든 공공기관과 공기업 등으로 확대될 때 우리나라 중·고등학교 교육의 체질은 더욱 건강하게 개선될 것입니다. 나아가 고교를 졸업한 뒤 5~10년의 직장경력을 바탕으로 대학에 가고자 할 때, 이분들을 위한 대학입학 특례제도를 만들고 국공립대학에서는 등록금을 감면해주는 등의 방안도 적극 고려해야 합니다.

3. 입시 불평등 척결, 대입선발 전형 간소화

'아이를 대학 보내는 세 가지 비법'을 아십니까? '할아버지의 재력, 아빠의 무관심, 엄마의 정보력'이라고 합니다. 교육의 불평등과 왜곡 현상을 단적으로 설명하는 말입니다.

특히 엄마의 정보력이라는 말이 왜 나왔을까요? 너무나 복잡한 대입전형 때문입니다. 우리나라의 대학 입시 제도는 내신과 수능, 수시와 정시, 교과와 종합, 논술, 실기 등의 온갖 조합으로 세계에서 가장 복잡한 입시제도라고 해도 과언이 아닙니다.

학생과 학부모는 물론 교사와 대학들까지 복잡한 입시의 덫에 걸려 있는 형국입니다. 그러다 보니 고액의 사설 입시 컨설턴트가 성행하고, 교육의 부익부 빈익빈 현상이 심화되고 있습니다.

대학입시정책은 해방 이후 16번이나 바뀌는 등 정권교체의 상징처럼 되었습니다. 그러나 '도돌이표 개혁'이라는 말이 나올 만큼 입시제도의 혁신은 이루어지지 않았습니다.

이제는 교육 전문가와 학부모, 학생이 함께 참여하는 '대학입시제도개선특별위원회'를 구성하여 충분한 토론과 사회적 합의를 통해 가장 합리적이고 개혁적인 입시제도를 마련해야 합니다.

우선 각 대학마다 천차만별인 대입전형을 단순화 해야 합니다.

정유라 부정입학 사건에서 확인된 바와 같이 기득권을 유지하기 위한 수단으로 악용되어 왔던 현행 특별전형·특기자전형은 전면 손질하고 보완해야 합니다.

또한 변별력 문제 등으로 대학에서 외면당하고 있는 지금의 수학능력평가는 전면 재검토하고, 미국의 SAT와 같은 '대입자격고사'로 전환하는 방법을 적극 검토해야 합니다.

아울러 비판적 사고력, 의사소통능력, 문제해결능력 등 창조적 역량을 키우기에 중점을 둔 학생부 성적 중심의 전형을 확대해야 합니다.

중고교 과정에서는 창의적이고 자율적인 학습이 이루어질 수 있도록 교육과정을 정상화하는 것이 시급합니다. 대학은 입시경쟁이 아닌 교육경쟁을 해야 합니다. 국민들에게 고른 교육기회를 제공하여 사회구조적 불평등을 개선해 나갈 수 있는 길을 열어야 합니다.

… 교육자치를 강화하고 … 교사 및 학교 노동자 권리가 보장되어야 합니다

4. 교육부 폐지, '국가백년대계위원회' 설치

교육부는 자율적이고 창의적이며 상호 존중하는 교육이 이루어지도록 지원하는 조직이 되어야 합니다. 정권의 기호에 맞는 교육을 강요하는 기구, 중앙집권적인 통제기구가 되지 않도록 경계하고 또 경계해야 합니다.

하지만 우리 현실은 어떻습니까? 역사학계는 물론 국민 대부분이 반대함에도 불구하고 교육부는 역사교과서 국정화를 강행해 온 나라를 혼란을 빠트렸습니다. 평가와 예산지원을 앞세워 전국의 학교와 선생님들을 줄 세우며 통제하고 있습니다. 심지어 모 국회의원은 '교육부가 EBS를 통제해야 한다'고 발언할 정도로 지금의 교육부는 학생과 교육의 미래를 고민하기보다 정권의 눈치를 살피며, 학생을 통제하는 역할에 주력하고 있습니다. 누리과정 예산의 경우 보건복지부 소관 업무가 교육부로 이관되었음에도 불구하고 시·도 교육감들에게 예산 부담을 떠넘기는 반교육적인 모습도 보여주었습니다.

국민 위에 군림하며 정권의 입맛에 맞는 교육을 강요하는 이런 교육부는 폐지해야 합니다. 교육부의 일상적인 행정·지원업무는 시·도

교육청으로 대폭 이양하고, 교육의 종합적인 기획업무에 힘써 독립적인 '국가백년대계위원회'를 설치해 수행하도록 해야 합니다. 교육청도 권위적이었던 과거의 모습과 단절하고 학부모와 교육주체, 시민들의 참여를 보장하고 협치를 확대해야 합니다. '간섭과 통제' 이미지를 벗고 '지원과 서비스'의 옷을 입어야 합니다. 교육부와 교육청의 이러한 변화가 이루어질 때 학생과 교사, 학교의 자율성이 확보될 수 있습니다.

5. 비정규직 차별 금지, 학교 비정규직 노동자 정규직화

교육계의 심각한 문제 중 하나는 과도한 비정규직 문제입니다. 우리나라 학교는 비정규직 종합백화점이 되었습니다. 학교 급식실의 영양사와 조리사, 교무실과 행정실의 행정지원 요원, 학교도서관 사서, 초등돌봄전담사, 전문상담사, 교육복지사 등 50여 개 직종에서 학교운영에 필수적인 업무를 수행하는 인력이 14만 1,100여 명에 달합니다. 또한 기간제 교사는 4만 6,600여 명, 방과후 교실 강사 등 비정규직 강사는 16만 4,800명이 넘습니다. 35만 2천여 명의 노동자가 학교운영에 필요한 업무를 수행하고 있으나 비정규직 신분으로 고용불안과 차별의 고통을 받고 있습니다.

저는 이미 경제 비전으로 '위코노믹스Weconomics: 4륜구동경제'를 발표하면서 비정규직의 정규직화를 선언한 바 있습니다. 서울시는 본청과 사업소 등에서 근무하는 비정규직 노동자 1,698명을 정규직으로 전환했으며, 시 투자·출연기관 등의 비정규직 7,188명을 정규직으로 전환했습니다.

우선 매일 출근해 상시적인 업무를 처리하는 약 18만 7천여 명의 학교 비정규직 노동자들은 교육주체들과의 사회적 협의를 통해 정규직(교육공무직)으로 전환하고 처우를 개선해야 합니다. 궁극적으로는 정규직으로 전환하기 어려운 비정규직 노동자에 대해서는 정규직보다 더 많은 임금을 지불하도록 제도를 개선해야 할 것입니다.

학교 비정규직 가운데 기간제 교사의 경우, 정규직 교사와 임금 격차는 크지 않지만 고용 조건의 불안함으로 인해서 교사로서의 자존감이 약화되고 학생들도 차별적으로 대하는 등 교육적으로 큰 문제가 있습니다.

병가나 연가 등 예측 불가능한 상황에 한해 기간제 교사 채용을 최소한으로 제한하고, 그외의 자리는 정규 교사를 채용해야 합니다.

아울러 현직 교사와 동일하게 근무한 기간제 교사 경력이 일정 기간(5년) 이상인 사람들 중에 역량을 인정받은 교사들은 정규직 채용시 가산점을 인정하는 방안도 검토되어야 합니다.

교사의 자리가 안정되고 교원이 존중받는 사회가 될 때 교육현장에 새로운 활기가 돌고 진정한 교육개혁이 이루어질 것입니다.

6. 교원 줄 세우기 근절, 교원 평가 및 성과급제 폐지

교육은 인간의 잠재력과 가치를 고양하는 것으로 사람들이 가진 소질과 특기를 최대한 발휘할 수 있도록 끌어내고 키워주는 일입니다. 교사는 그 길을 인도해 함께 가는 사람입니다. 교사들에게 '성과와 경쟁의 잣대'가 향하는 순간, 사람마다 가진 가능성의 씨앗을 틔우는 교육의 참가치는 의미를 상실하게 됩니다.

정부는 교사들을 대상으로 교원능력 신장 및 학생과 학부모의 공교육 만족도 향상, 공정한 평가를 통한 교원의 지도능력 및 전문성 강화를 통한 학교교육의 질적 향상을 위해 교원능력개발평가를 실시하고 있습니다. 교장, 교감, 동료교사 및 수많은 학부모와 학생들을 참여시켜 교사의 능력을 평가하도록 하는 제도입니다. 그 평가 결과에 따라서 성과급을 차등 지원하고 있습니다. 하지만 전국의 많은 교사들은 교원평가제도가 협력을 중시하는 교육공동체를 분열시키고, 학생·학부모·교사 간 신뢰를 깨뜨리는 반교육적인 제도라며 거부하고 있습니다.

'교사가 평가 받지 않으면 스스로 능력개발에 힘쓰지 않을 것'이라는 그릇된 인식에 기초하여 동료 교사끼리 경쟁하고, 동료 교사를 평가 결과에 따라 등급을 매기는 '성과와 경쟁의 틀'을 강요하는 지금의 교원능력평가제도는 당장 폐기되어야 합니다.

교사의 전문성을 높이기 위해서 과도한 잡무를 획기적으로 덜어내고, 수업과 학생 지도에만 집중하도록 하며, 학습연구에 집중할 시간을 제도적으로 보장해야 합니다. 도입 당시부터 교원들의 특수성을 무시한 제도로 교육계의 거센 반발을 받아 온 교원성과급제 또한 즉각 폐기되어야 합니다. 아울러 4차 산업혁명시대를 대비하여 혁신적이고 창의적인 방식으로 교육과정을 재구성하여 교사들의 전문성과 미래역량을 강화하는 특별프로젝트 추진도 제안하고 싶습니다.

7. 교원 노동3권 보장, 전교조의 법적지위 회복

박근혜 대통령과 김기춘 전 비서실장의 주도 아래 조직적으로 전교조 탄압이 진행됐다는 사실이 밝혀졌습니다. MB 정부 때부터 자행되어 오던 전교조에 대한 압박이 박근혜 정부에 이르러 전면적이고 주도

면밀하게 진행되었음이 확인된 것입니다.

참교육 실천을 목표로 유치원 및 초중고 교사 6만여 명의 조합원들로 구성된 전교조는 단지 9명의 해직자가 있다는 이유로 법외노조 통보를 받았습니다. 국제노동기구(ILO) 등 국제사회에서 '교원의 자격요건 결정은 노조 재량으로 결정할 문제로 행정당국이 개입해선 안 된다'고 권고하며 전교조 법외노조화를 규탄했지만 박근혜 정부는 집요하게 전교조 죽이기를 추진하였습니다.

국제사회에서조차 우려의 목소리가 끊이지 않는 교사와 전교조에 대한 부당한 제재를 즉각 중단하고, 교원노조법을 개정하여 교원의 노동3권을 보장하고 전교조의 법적지위를 회복해야 합니다. 나아가 전교조를 교육개혁의 동반자로 하여 참교육이 실현되는 미래지향적 교육혁명은 반드시 완성되어야 합니다.

… 교육복지는 … 강화되어야 합니다

8. 입학금 폐지, 국공립대학교 반값등록금 전면 시행

지난 18대 대통령 선거의 최대 이슈 중 하나가 '반값등록금'이었습니다. 당시 박근혜 후보는 '소득연계 맞춤형 반값등록금 지원'이라는 모호한 표현으로 반값등록금 정책을 내세웠으며, 대학생의 가계소득에 따라 장학금을 차등 지급하는 등 등록금 부담을 줄이겠다고 발표하였습니다. 하지만 이것은 선거를 앞두고 유권자를 현혹하기 위한 대표적인 공약空約이었습니다.

정책은 말이 아닌 실천으로 이루어져야 합니다. 저는 온갖 음해와 반대에도 불구하고 서울시립대학교 반값등록금을 실현시켰습니다. 이로 인해 학생과 학부모의 만족도는 높아졌고, 학교의 인지도와 평판이 눈에 띄게 향상되었습니다. 학생들은 자신들이 받은 혜택을 사회에 환원하고자 사회적 책임 활동에 앞장서고 있습니다.

국공립대학교를 새로운 개념의 21세기형 대학으로 혁신하고, 모든 국공립대학교에 반값등록금을 즉시 시행해야 합니다. 또한 사립대학에는 정부의 행정권한을 활용해 반값등록금에 동참하도록 적극 독려해야 합니다.

그러나 반값등록금도 대학등록금상한제가 도입되지 않으면 실효성이 떨어집니다. '고등교육법' 개정을 통해 모든 대학에 등록금상한제를 적용하고, 이를 통해 반값등록금의 효과가 배가되도록 해야 합니다. 한 해 5,000억 원이면 당장이라도 58개 국공립대학교에 반값등록금을 시행할 수 있습니다. 또한 명확한 근거도 없고 학교마다 천차만별인 대학입학금도 당장 없애야 합니다. 반값등록금에 그치지 않고 더 나아가 국공립대학교의 무상교육을 단계적으로 실시해야 합니다. 이를 위해 2018년을 대학교 무상교육 원년으로 선포하고, 지방에 있는 우수한 국공립대학을 선정해 시범사업으로 추진하고 제도를 정비해야 합니다.

최근 미국 뉴욕주가 대학등록금 면제 깃발을 들어 올렸습니다. 가구 연소득 12만 5,000달러 이하인 경우 뉴욕주 공립대학교(뉴욕 주립대, 시립대, 커뮤니티 칼리지)에 입학하는 학생들에게 등록금을 면제해주겠다는 내용입니다. 앤드루 쿠오모 뉴욕주지사는 "대학교육은 사치품이 아니라 경제적 계층 이동을 가능하게 하는 필수품"이라고 말했습니다. 유럽 주요 국가들의 경우 대학교육을 미래에 대한 투자로 인식하며 무상교육을 실시하고 있습니다. 우리도 대학교 무상교육이라는 담대한 꿈을 실현할 때가 되었습니다.

9. 내진시설 보강, 낡고 불안전한 학교시설을 지진 공포로부터 지켜낼 것

작년 경주 대지진에서 똑똑히 목격했듯이 대한민국은 더 이상 지진 안전지대가 아닙니다. 안전문제는 '늑장대응보다 과잉대응'이 낫습니다. 하지만 지금 우리는 늑장대응도 한참 늦은 상황입니다.

학교 건물의 70% 이상은 내진설계조차 되어 있지 않거나 미진한 상태며, 30년 이상 노후된 학교 시설은 1만 2천여 동이 넘습니다. 심지어 21개 학교 26개 건물은 재난위험 수준인 안전등급 D~E인 것으로 확인됐습니다. 신설 학교들을 제외하고 우리나라의 학교건물은 공공기관들 가운데 가장 노후해 있다고 해도 과언이 아닙니다.

지진에 취약한 낡은 학교건물에서 하루 평균 초등학생 6시간, 중학생 8시간, 일반고 학생 12시간을 지내고 있습니다. 스마트그리드 기술의 인텔리전트 빌딩이 유행하는 현실에 비추어볼 때 30년 이상 된 낡은 교육환경 속에 아이들을 방치하는 것은 학대와도 같습니다. 현실이 이러한데, 세종시 신청사에 근무하고 있는 교육부 공무원들은 앞으로 20년을 목표로 학교시설에 내진보강을 하겠다는 계획을 세우고 있습니다.

전체 초·중·고등학교 학교시설 내진보강에 소요되는 예산은 약 4조 원입니다. 국가예산의 우선순위가 어디 있습니까? 15조 원이 넘는 국가의 재난안전 예산은 어디에 써야 하는 돈입니까?

예산 집행의 우선순위를 학교시설 안전에 두고, 내진보강에 과감하게 투자해 20년이 아니라 3~4년 안에 모든 학교시설에 내진보강을 끝내야 합니다. 특히 내진 설계율이 20%대에도 미치지 못하는 전남, 전북, 경북, 제주부터 우선적으로 예산을 집행할 수 있을 것입니다. 아울러 새로 신축하는 학교시설은 학교와 마을이 공존하는 21세기형 교육·문화·생활 커뮤니티센터로 거듭나야 합니다. 유치원, 평생학습 시설, 공용주차장, 마을 극장, 학부모 커뮤니티 공간 등으로 다양하고 입체적으로 활용될 수 있도록 학교환경을 전면 재구성할 것을 제안합니다.

10. 제2보육대란 방지, 영유아 보육은 국가 책임

누리과정 예산을 놓고 벌어진 교육부와 시·도 교육청 사이 갈등으로 인해 애꿎은 우리 아이들이 피해를 보는 모습을 지켜봐야 했습니다.

4대강 사업에 수십조 원의 예산을 쏟아 붓고, 최순실 예산이 주먹구구식으로 펑펑 쓰이는 현실을 생각할 때 통탄할 일입니다.

제2의 보육대란 방지, 영유아 보육은 국가책임

보육은 국민의 권리입니다

보육은 국가의 의무입니다.

보육은 미래에 대한 투자입니다.

저는 이미 한국형기본소득제를 통해 아동양육을 위한 아동기본수당을 구체적으로 제안한 바 있습니다. 지난해 말 통과한 누리과정 지원 등에 관한 내용을 담고 있는 「유아교육지원특별회계법안」도 한시적인 임시대책이라는 아쉬움이 많습니다. 미봉책이 아니라 법 개정을 통해 사업 추진 책임의 주체가 중앙정부임을 명확히 하고, 유아교육과 보육을 통합하는 등 보다 구체적인 내용을 개정해 누리과정을 둘러싼 사회적 논쟁이 더 이상 발생하지 않도록 확실히 조정되어야 합니다.

저출산 문제는 가장 심각한 국가적 과제입니다. 그런데, 2015년 현재 가임여성당 출산율은 1.24명으로, OECD 회원국 중 최하위권입니다.

왜 아이 낳기를 꺼리게 되었을까요? 아이를 갖고 싶어도 마음 놓고 아이를 낳을 수 없는 사회가 되었기 때문입니다.

맞벌이 부부들은 아이를 믿고 맡길 어린이집을 찾는 것이 큰 걱정거리입니다. 어린이집에서 발생하는 아동학대 사건, 쓰레기 급식 문제 등은 있을 수 없는 일입니다. 이 때문에 부모님들은 아이를 낳기 전부터 국·공립 어린이집에 입소 신청을 한다고 합니다. 하지만 이것도 '하늘에 별 따기'라고 합니다.

지난해 전국에서 운영되고 있는 전체 어린이집은 4만 2,517곳으로 이중 국·공립 어린이집은 6.2%(2,629곳)에 불과합니다. 국·공립 어린이집이 채우지 못한 나머지 93.8%(39,888곳)는 가정·민간 어린이집이나 사회복지법인·직장 어린이집이 대신하고 있습니다.

부모님들의 이런 근심을 덜어주기 위해 국·공립 어린이집에 다니는 아동 비중을 50%까지 늘려야 합니다. 이미 서울시는 2020년까지 5,780억 원을 투입해 서울시 국·공립 어린이집에 다니는 아동 비중을 50%로 늘릴 계획을 발표했습니다.

올해 삭감된 어린이집 신축 비용을 대폭 늘리는 것과 함께, 민간 어린이집의 국공립 전환을 적극 추진하고, 교회·성당·사찰 등 종교시설과의 협력을 통해 종교시설을 활용해 국·공립 어린이집을 대폭 늘려야 합니다. 또한, 현재 교사 1인당 평균 12명인 아동 수를 8명으로 낮추어 보육의 질을 획기적으로 높이는 것 역시 시급한 과제입니다.

교육혁명을 위한 30대 실천과제 제안

1. 국정 역사교과서 폐지

박근혜 정부에서 강행한 국정 역사교과서는 폐기하고, 시대에 맞는 역사교육관 정립과 패러다임 전환을 위한 역사교육 활성화 추진위원회 구성

2. 국가 교육관련 법령의 대정비

교육기본법, 초중등교육법, 고등교육법 등 교육관계 법령을 시대에 맞게 개정하도록 함. 각종 교육 관련 특별법을 전면 정비하여 교육법에 통합

3. 교육재정 안정적 확보를 위한 법령 정비

교육예산을 내국세의 25.5%로 확대해 매년 8조 원 이상을 확보, 교사 충원 및 커뮤니티 센터형 학교 건축 등을 위한 재원으로 활용

4. 교육부 특별교부금 폐지

불요불급한 사업, 선심성 사업 등 예산 낭비의 통로가 되었던 특별교부금을 폐지, 1조 원의 재원을 확보하여 미래학교로의 대전환 프로젝트 추진

5. 교육 부문 분권·자치·협치의 전면적 실현

초중등교육은 시도 교육감들이 책임지도록 권한을 위임하며, 시민사회나 전문가들이 적극 참여하여 공무원들과 협력하는 협치행정 제도화

6. 교육자치와 일반자치의 협력 지원(혁신교육지구)

시도교육감과 광역단체장, 기초자치단체장, 민간 등이 협력하여 학교 교육의 혁신과 마을교육공동체를 지원하는 거버넌스형 혁신교육지구사업 확대

7. 교육 행정고시 폐지 및 개방형 직위 공모 확대

국가 수준 교육행정 업무 담당 공무원을 채용하는 교육고시를 폐지하고 교사와 교수, 다양한 분야의 전문가들을 개방형 직위로 공모하여 임용

8. 시도 부교육감 파견제도 폐지, 3급(2급) 협력관제 도입

17개 시도의 부교육감을 교육부가 파견했던 제도를 폐지하고 교육감이 해당 지자체의 적임자를 부교육감으로 임용할 수 있도록 함

9. 중앙-지방 교육행정 대개혁—분권 자치 협치 실현

통제 행정으로부터 분권적 자율 협치 행정으로 대전환 추진. 교육전문직과 일반직의 역할 구분 등 교육공무원들의 역할 재정립. 자율성 보장

10. 국가 교육과정 체제 개편, 자율성 확대

교과서의 분량을 줄이고 난이도를 낮춤. 연간 수업시수와 수업일수 축소, 학생들의 개인별, 팀별 프로젝트를 수업시수로 인정하는 방안을 추진

11. 유치원 교육과정의 전면 개편

현재의 유치원 교육과정은 국정 교과서에 의해서 획일적으로 운영되고 있음. 유치원 교육과정의 자율성을 높이고, 놀이와 활동 위주로 개편

12. 교육대학과 사범대학의 교사양성 교육과정 혁신

교대와 사대에서 미래지향적인 교육을 할 수 있는 교사를 양성해야 함. 21세기 미래역량을 길러주는 미래학교, 미래교육을 할 수 있는 전문성 함양

13. 교원 임용고시 제도 개선

교대, 사대 신입생 모집을 고교 내신성적(품성)과 학교장 추천에 가중치를 두어 선발하도록 하고, 인성과 사고력, 창의력을 중시하는 전형으로 전환

14. 초중고교 교장공모제 확대, 수업하는 교장 제도 도입

학교운영위원회와 교육청이 협력하여 학교장을 공모하여 임용하고, 보직으로 일하고 교사가 되게 하는 제도 또는 교장도 수업을 하도록 하는 제도 도입

15. 학교운영위원회에 학생 대표 참여 보장

학교운영위원회가 시대의 요구에 맞게 학교 구성원과 지역사회가 함께 참여하는 협치기구로 재정립되어야 하며, 학생들의 의견이 대변되어야 함

16. 학교 자치 조직의 제도화 활성화(교사회, 학부모회, 학생회)

모든 학교에서 교사회, 학생회, 학부모회가 조직되어 운영되도록 법령을 정비하고, 필요한 예산 등을 지원하여 학교의 자율성과 책무성 제고

17. 학생회(학급회) 자치활동 보장, 자치활동 시간 보장

학생들의 학교 안에서의 자율과 자치, 의사결정 참여는 철저히 보장되어야 하며, 이를 위해 자치활동을 위한 시간을 교육과정

에 반드시 확보

18. 고교 체제 개혁 및 고교서열화 폐지

특목고, 자사고 등 소수의 특별한 학교를 통한 다양화가 아니라 모든 고등학교에서 교육과정을 다양하게 개설할 수 있도록 코스 다양화 지원

19. 고교 1학년 전환학년제 도입

고등학교 1학년 시기에 학생들이 소질과 적성을 발견하고 진로를 탐색하며, 개인 프로젝트에 전념하는 전환학년으로 운영(덴마크 애프터스콜레)

20. 고등학교 무상교육 실시

모든 학생들은 부모의 재력에 관계없이 원하는 교육을 받을 권리를 보장받아야 함. 이를 위해 고등학교까지 무상교육을 확대

21. 사립학교 교사 채용의 공공성 확보

사립학교 교사 채용 시에 시도교육청 차원에서 선발한 교사 후보 인력풀에 있는 예비교사를 사학에서 채용하도록 하는 제도 도입

22. 사립학교 운영 공공성 확보

사립학교 이사회의 구성 운영의 공공성 투명성 제고, 비리연루자의 이사회 관여 배제. 운영난에 빠진 사립학교는 공영형 이사체제로 전환

23. 통학 교통비 무상 제공

초·중·고생 중에 학교까지 5km 이상 떨어진 곳에 집이 있어 통학 거리가 먼 학생들에게는 교통카드를 지급하여 통합의 편의

제공

24. 유치원, 고등학교 친환경 무상급식 확대

현재 초·중학교까지 시행하고 있는 친환경무상급식을 유치원과 고등학교까지 확대하여 학부모들의 부담을 경감하고 학생들의 건강한 성장 지원

25. 대학교육의 질 향상—21세기형 대학으로

대학교육은 시대 흐름, 직업 구조의 변화, 사회적 요구에 맞게 변화되어야 하며, 미래형 융합 대학으로의 전환을 지원(핀란드 Alto 대학)

26. 대학의 비정규직 강사 고용 안정 지원

대학의 비정규직 교수들은 초·중·고 교사들보다 못한 불안한 고용 상태에 있어 안정적인 연구와 교육에 전념할 수 없으므로 국가교수제 등 도입

27. 교육과 관련된 국책 연구기관의 혁신

한국교육개발원과 교육과정평가원, 직업능력개발원, 평생교육진흥원 등의 교육과 관련된 연구 기관들을 현장의 요구를 바탕으로 재구조화 함

28. 지자체 운영 자유시민대학으로 평생학습 시대

평생학습을 위한 개방형 시민대학으로 개편. 인문교양과 취미. 직업교육 실시

29. 방과후 학교를 지역 거점 방과후 클럽으로 전환

또 다른 학습이 되어버린 강의 중심 방과후를 지양하고 문예체 활동 및 취미나 특기 활동 중심의 지방 자치단체가 주관하는 방

과후 활동 확대

30. 5년마다 국가 교육비전 수립 대협약 체결

대통령, 국회의원, 시도교육감, 광역·기초자치단체장, 시민사회, 대학, 사회 각 부문이 함께 국가 교육비전 대협약을 체결하고 5년마다 갱신

4차 산업혁명 시대, 아이들에게 필요한 미래교육 준비

'세기의 대결', '인간과 인공지능의 한 판'으로 기록된 알파고와 이세돌 9단의 대국은 인류의 미래 모습을 단적으로 확인시켜주었습니다. 미래학자인 엘빈 토플러Alvin Toffler는 한국 교육에 대하여 "미래에 필요하지 않은 지식과 존재하지 않을 직업을 위해 매일 15시간씩 낭비하고 있다"고 지적했습니다.

지금, 아이들에게 어떤 교육을 시키고 있습니까? 우리는 어떤 미래교육을 준비하고 있습니까?

차기 정부의 핵심 교육과제는 기득권 타파를 통한 과거와의 단절과 함께 개혁을 통한 새로운 대한민국을 건설하는 것입니다. "19세기 교실에서 20세기 교사가 21세기 아이들을 가르친다"고 비판 받는 교육을 대대적으로 개혁하는 것이야말로 새로운 대한민국을 만드는 첫 걸음일 것입니다. 4차 산업혁명시대를 선제적으로 대비하는 담대한 교육개혁을 통해 대한민국의 뿌리부터 튼튼하게 다시 만드는 개혁이 시작되어야 합니다.

촛불시민혁명의 지상명령은 나라다운 나라, 새로운 대한민국의 실현입니다. 새로운 대한민국은 기득권 카르텔이 해체되고 불평등 구조가 해소된 나라입니다. 누구나 성실하게 노력하면 기회가 주어지는 그런 나라입니다.

새로운 나라는 교육개혁에서부터 시작해야 합니다. 대한민국의 기본을 바로 세우는 바탕이 교육입니다. 대한민국의 비전을 바로 세우는 주춧돌이 교육입니다. 교육이 바로 서야 대한민국이 바로 섭니다.

5부

한반도 평화구상

평화의 땅에 피는 경제의 꽃

이 글은 2016년 9월 9일, 전주YMCA 초청으로 열린 평화통일강연회의 원고를 토대로 하였습니다.

분단극복은 상호변화의 과정입니다. 자신은 변하지 않고
상대의 변화만 요구한다면 아무런 소용이 없습니다.
상대의 변화를 바란다면 언제나 내가 먼저 변해야 합니다.

북핵을 넘어 한반도 평화시대로!

첫 번째, 북핵문제, 협상이 필요합니다

선택의 기로에 선 북핵 문제

멕시코 외무장관을 지냈고, 유엔 군축위원회에서 오랫동안 일한 알폰소 가르시아 로블레스Alfonso Garcia Robles는 1982년 노벨평화상을 받으면서 이렇게 말했습니다.

"인류는 선택에 직면해 있다. 핵 군축에 나설 것인가? 아니면 절멸에 직면할 것인가?"

2016년 현재 로블레스의 노력으로 비핵지대를 이룬 라틴아메리카를 포함해서 남태평양, 아프리카, 동남아시아, 중앙아시아 등 5개 지역이 비핵지대를 실현하고 있습니다.

전 세계 인구의 33%, 총 116개 나라를 포괄하는 비핵지대는 물론 저절로 이루어진 것이 아닙니다. 아주 오랫동안의 협상과 끈질긴 설득 그리고 끈기 있는 인내와 기다림으로 가능했습니다.

그러나, 여전히 세계는 핵무기 확산의 위험에 직면해 있습니다. 특히 북한 핵문제는 한반도에 살고 있는 사람들뿐만 아니라 세계의 걱정입니다.

북한은 우라늄 농축시설을 이용하여 핵물질을 얻고, 미사일에 탑재할 수 있는 소형화, 경량화 기술을 발전시키고, 잠수함 탄도미사일SLBM을 비롯한 운반수단을 다양화 하고 있습니다. 북한이 사실상의 핵 보유 국가가 된다면 동북아시아의 군비경쟁이 가열되고, 국제적인 비확산체제NPT Regime는 위기를 맞을 것입니다.

북핵문제는 결정적인 전환점에 서 있습니다. 그야말로 '절멸의 위기'를 받아들일 것인가? 아니면 '협상의 지혜'를 발휘할 것인가? 중대한 선택의 기로에서 해법을 찾을 때입니다.

협상의 필요성: 이란핵과 북한핵

국제사회는 최근 두 개의 핵 확산 위기를 겪었습니다. 이란의 핵문제는 협상을 통해 해법을 찾았지만, 북한핵은 오히려 악화되었습니다. 과연 둘 사이의 차이점은 무엇일까요?

첫 번째 차이는 적극적 중재자의 역할입니다.

2015년 이란 핵문제를 해결하는 과정에서 영국을 비롯한 유엔 안전보장이사회 상임이사국과 독일(P5+1)이 중요한 역할을 했습니다.

미국과 이란의 협상이 중단되지 않고, 불신의 늪에 빠지지 않았던 것은 바로 영국을 비롯한 중재 국가들의 외교적 노력 때문이었습니다.

그러나 북핵 문제는 '전략적 인내'라는 이름으로 방치되었습니다. 북한이 핵을 포기할 때까지 기다리자는 전략은 결국 북핵 능력만 강화시켜주는 재앙적 결과를 가져왔습니다.

두 번째 차이는 개방의 문입니다.

이란은 오랜 고립의 문을 열고 국제사회로 걸어 나왔습니다. 북한이 현재 이란만큼의 개방의지가 있는지는 의문입니다. 북한은 오랫동안 국제사회에서 고립되어 있었고, 대부분의 유엔 회원국들이 우려할 정도로 인권 상황이 열악합니다.

북한도 이란처럼 개방의 결심을 해야 합니다. 그러나 한국을 포함한 국제사회가 북한이 문을 열고 국제사회를 향해 나올 수 있도록 얼마만큼의 노력을 기울였는지는 의문입니다.

북한의 인권 상황에 대한 국제사회의 우려가 높지만, 결국 인권상황은 개방수준과 비례합니다. 1972년 미국이 중국의 문을 열고, 1975년 헬싱키 프로세스로 동유럽이 서유럽과 만나면서 점차적으로 인권 상황이 개선되었음을 기억해야 합니다.

셋째는 외교의 역할입니다.

미국의 오마바 전 대통령은 이란 핵협상을 비판하는 공화당 정치인들에게 이렇게 말했습니다.

"외교로 해결할 수 있는 일을 왜 전쟁으로 해결하려 하는가?"

똑같은 말을 북핵문제에 해야 합니다.

북핵문제를 해결하기 위한 6자회담이 중단된 지 9년이 흘렀습니다.

협상과 북핵 능력은 상관관계가 있습니다. 협상이 이루어질 때 북한의 핵능력은 동결되거나 후퇴했습니다. 그러나 협상이 중단되면 북한은 핵실험을 포함해서 핵능력을 강화했습니다. 때문에 북핵문제를 해결하기 위한 '외교의 귀환'이 절실하게 필요합니다.

두 번째,
당사자 해결원칙과 국제협력

북핵문제는 한반도 냉전의 산물

북한은 왜 핵무기를 개발하려고 할까요? 협상수단이라는 의견도 있고, 처음부터 보유가 목적이라는 의견도 있습니다.

두 가지 의견은 다른 것 같지만 다르지 않습니다. 핵무기는 언제나 억지deterrence의 수단입니다. 한반도의 냉전체제가 지속되면 북한은 억지력을 강화할 것이고, 억지의 필요성이 사라지면 핵무기도 포기할 것입니다.

한반도는 현재 전통적인 '안보 딜레마'를 겪고 있습니다. 안보를 강화하면, 상대가 위협을 느껴 억지력을 강화하고, 그래서 결과적으로 안보가 불안해지는 악순환이 반복되고 있습니다.

유엔안전보장이사회를 비롯한 국제사회의 제재embargo도 한계가 있습니다. 북한의 대외무역에서 중국이 차지하는 비중이 90%를 넘은 상황에서, 중국은 대북제재에 소극적입니다. 북한과 중국의 국경무역은 서로의 경제적 필요가 있기 때문에 지속되고 있습니다.

군비경쟁과 경제제재는 문제를 해결하지 않고, 오히려 상황을 악화시켜 왔습니다. 실패한 정책을 반복할 것이 아니라, 근본적으로 문제를 해결할 수 있는 해법을 생각해야 합니다.

당사자 해결 원칙

북핵문제를 해결하는 과정에서 가장 중요한 것은 한국의 역할입니다. 북핵문제 자체가 한반도 냉전체제의 산물이고, 한국은 냉전극복의 주체이기 때문입니다.

중동 평화협상을 비롯해서, 풀기 어려운 분쟁intractable conflicts의 공통점이 있습니다. 제3자가 아무리 적극적으로 중재해도, 당사자의 화해 의지가 없으면 평화는 이루어지지 않습니다.

한반도는 대륙과 해양이 만나는 길목에 있습니다. 강대국이 대립하는 공간이었고, 전쟁터이기도 했습니다. 남과 북은 20세기 이후 이어진 식민지, 분단, 전쟁과 냉전의 역사에서 스스로의 운명을 결정하지 못했습니다.

이제 스스로의 힘으로 자신의 운명을 만들어가야 합니다. 평화는 언제나 저절로 이루어지지 않습니다. 의지와 노력으로 만들어가야 합니다.

한반도에서 핵문제를 해결하고 냉전체제를 극복하며 항구적인 평화를 정착시키는 주체는 바로 남한과 북한입니다. 남북 양측이 과거가 아니라 미래를 선택할 때 국제사회도 도와줄 수 있습니다.

한국의 차기 정부는 적극적인 평화 만들기의 주체Peace Maker가 되어야 합니다. 남북관계를 개선하고, 6자회담을 주도하며, 한반도 평화체제를 적극적으로 만들어 나가야 합니다.

국제협력의 중요성

그리고 국제사회와 협력해야 합니다. 동북아시아의 관련 당사국과 적극적으로 협의하고, 함께 문제를 해결해 나가야 합니다. 주변 4개국뿐만 아니라 한반도의 평화정착을 바라는 유럽 국가들의 지원도 중요합니다.

세 번째,
평화 만들기 세 가지 원칙: 민주, 변화, 협력

평화는 하루아침에 오지 않습니다. 한반도가 불안정한 휴전에서 항구적인 평화로 가기 위해서는 과정이 필요합니다. 평화를 만들어 가는 과정에서 3개의 원칙이 필요합니다.

민주적 정책결정 과정이 중요

첫째, 정책결정 과정이 민주적이어야 합니다.

언제나 무능한 지도자는 위기를 만들고, 유능한 지도자는 위기를 해결합니다. 최근 한국은 민주주의의 위기를 겪고 있습니다. 관료체제의 정책결정 과정이 단절되고, 의회정치가 작동하지 않으며, 정부와 국민의 소통이 중단되었습니다.

그 결과 부패가 만연하고, 국민의 삶의 질이 악화되고, 그리고 평화가 무너졌습니다. 물론 1987년처럼 한국은 스스로의 힘으로 민주주의를 회복할 것입니다.

민주주의는 서로 다른 의견을 조율하면서 합의를 만들어가는 과정을 의미합니다. 평화를 만들어 가는 과정에서 민주적 정책결정은 매우 중요합니다. 1962년 쿠바 미사일 위기 때 케네디 대통령은 민주적 정책 결정으로 핵전쟁이라는 최악의 선택을 막았습니다.

한반도는 과거의 전통적인 이념갈등에서 벗어나, 다수의 합의를 민주적으로 조율할 수 있는 지도자를 요구합니다. 국민과 소통하고 의회와 함께하며 정부 내부를 조율하고 국제사회와 협력하는 새로운 유형의 리더십을 필요로 합니다.

남북이 서로 변화해야

둘째, 평화를 만들기 위해서 상호 관계가 변해야 합니다.

상대를 인정하지 않으면 협상이 시작될 수 없습니다. 협상의 과정에서 서로 화해하고 협력해야 평화의 문을 열 수 있습니다.

북한은 변화해야 합니다. 핵무기를 포기하고, 인권상황을 개선하고, 국제사회에 문을 열어야 합니다. 동시에 남한 역시 변화해야 합니다. 분단문제를 국내정치에 활용하는 악습에서 벗어나야 합니다. 군비경쟁이 아니라, 평화정착으로 미래의 문을 열어야 합니다. 그리고 초당적으로 분단극복을 위해 지혜를 모아야 합니다.

분단극복은 상호변화의 과정입니다. 자신은 변하지 않고 상대의 변화만 요구한다면 아무런 소용이 없습니다. 상대의 변화를 바란다면 언제나 내가 먼저 변해야 합니다. 문을 닫은 상태에서 상대에게 개방하라고 요구할 수는 없습니다.

먼저 문을 열어야 합니다. 북핵문제의 해결과정은 바로 남북관계의 상호변화 과정이라는 점을 명심해야 합니다.

평화정착을 위한 국제협력

셋째, 평화정착을 위한 국제협력입니다. 한반도는 동북아시아 열전의 현장이었고, 세계적 냉전의 계기였습니다. 한반도가 냉전질서를 극복하고 평화정착을 이루면 세계는 달라집니다.

북핵문제를 극복하고 한반도의 평화를 이루면 동북아시아도 변할 수 있습니다. 냉전시대부터 현재까지 언제나 한반도의 분단이 동북아시아 대분단의 원인이었고 명분이었습니다.

2005년 6자회담에서 9.19 공동선언을 채택했습니다. 북한은 핵을 포기하고, 한반도는 평화체제를 이루며, 동북아시아는 다자간 안보협력을 발전시키기로 약속했습니다. 10여 년의 시간이 흐르면서 약속은 휴지조각이 되었습니다. 다시 6자회담을 시작하고, 9.19 공동선언의 약속을 살려내야 합니다.

한반도의 평화정착이 동북아 안보협력의 계기이며 동력입니다. 동아시아는 유럽이 2차 세계대전 이후 걸었던 평화의 길에서 교훈을 찾아야 합니다. 과거를 성찰하고, 화해와 협력으로 미래의 문을 함께 열어야 합니다.

네 번째, 평화정착에서 북방뉴딜로!

평화라는 땅에서 경제의 꽃이 핍니다. 평화가 삶의 질을 바꿀 수 있습니다. 한반도의 평화가 이루어지면 한국은 더 이상 분단의 섬이 아니라, 유라시아 대륙의 일원으로 변화할 수 있습니다. 북한이라는 다리를 넘어 중국과 러시아 나아가 유럽과 연결될 수 있습니다.

북방경제는 1988년 노태우 정부 때부터 한국의 미래전략이었습니다. 인구구조의 변화와 기후변화, 그리고 저성장의 늪에 빠진 한국경제의 입장에서 북방으로의 진출은 선택이 아니라 필수입니다.

그러나 아직도 북방경제는 실현되지 못했습니다. 이제 새로운 접근이 필요합니다.

북방경제, 뉴딜이 필요하다

박근혜 정부도 유라시아 구상을 강조했습니다. 그러나 그것은 구호뿐이었습니다. 새로운 접근이 필요합니다.

첫째, 남북 신뢰가 뒷받침되어야 합니다.

대륙철도를 연결하고 러시아의 가스관을 연결하려면 북한을 통과해야 합니다. 북한이라는 다리를 건너지 않으면, 한국은 유라시아 대륙으로 갈 수 없습니다. 남북관계 개선에 대한 확고한 의지가 있어야 유라시아 협력이 가능합니다.

둘째, 한국경제의 구조를 분단경제에서 북방경제로 전환해야 합니다.

그동안 한국은 분단의 섬으로 살아 왔습니다. 철도가 아니라 도로 중심의 교통체계를 유지하는 이유 또한 분단의 장벽 때문입니다. 남북경제 협력이 중단되면서 한국의 중소기업이 가장 큰 고통을 받았습니다. 북방경제는 한국 중소기업의 미래와 직접적으로 연결되어 있습니다. 북방경제를 한국경제 구조변화의 계기로 삼아야 합니다. 교통체계를 혁신하고, 중소기업을 살리고, 북방경제를 지향하는 지역발전 전략이 필요합니다.

셋째, 다자간 국제협력을 활성화해야 합니다.

21세기 초국경 협력은 세계적 현상입니다. 그러나 동북아시아는 여전히 과거의 정치군사적 국경이 새로운 경제협력을 가로막고 있습니다. 동북아시아는 초국경협력의 사각지대로 남아 있습니다.

1954년 제네바에서 한반도의 통일문제를 논의하는 국제회의가 열렸습니다. 1953년 휴전협정을 맺을 때, '통일문제를 논의하기 위한 정치회담의 개최'를 권고했기 때문입니다. 전쟁 직후의 상황에서 통일논의는 진전될 수 없었습니다. 당시 영국 대표는 '불가능한 통일'이 아니라, '가능한 교류'를 제안했습니다. 그때부터 '교류'를 중단 없이 진행했다면 한반도는 많이 달라졌을 것입니다.

남북을 가르는 DMZ와 한반도와 대륙을 가르는 두만강·압록강이 대립의 경계가 아니라, 새로운 접촉의 공간으로 변화해야 합니다. DMZ의 생태환경 보존과 평화도시 건설과정에 유럽 국가들도 참여시켜야 합니다. 두만강의 새로운 경제협력을 위해 북중러 삼국뿐만 아니라, 영국을 비롯한 유럽 국가가 참여한다면 더욱 의미가 있을 것입니다. 다자간 협력이란 처음은 어렵지만, 일단 시작하면 쉽게 중단되지 않습니다. 북방경제협력이 단지 동북아시아 국가뿐만 아니라, 유럽 국가들도 참여하는 실질적인 유라시아 협력으로 발전시켜야 합니다.

새로운 평화통일패러다임, 북방뉴딜

시일야방성대곡
是日也放聲大哭

평화통일, 말만 들어도 얼마나 좋습니까? 평화통일을 이야기하는 것은 얼마나 가슴 벅차고 진취적인 일입니까? 가슴이 뛰고, 피가 끓어오르지 않습니까? 그런데 지금의 현실은 어떻습니까? 마음이 무겁습니다. 불안합니다. 절망적입니다.

러시아가 TSR 연결을 일본에 제안한 한심한 현실

지난 해, 저는 어떤 기사 하나를 보고 통탄의 마음을 금할 수가 없었습니다. 러시아가 시베리아 횡단열차TSR를 한반도가 아니라 홋카이도에 연결하자고 일본에 제안했다는 겁니다.

저는 그 기사를 보고 잠을 이룰 수 없었습니다. 10년 전부터 러시아와 우리는 시베리아 횡단철도와 한반도 종단 철도를 연결하는 논의를 했습니다. 러시아 입장에서는 일본은 쿠릴열도의 4개 섬 반환에 관한 영토문제가 걸려 있기 때문에 일본보다는 한반도와의 연결에 적극적일 수밖에 없었습니다.

그러나 남북 관계가 악화되면서 러시아가 일본으로 방향을 바꾼 것입니다. 이것이 실현되면 시베리아횡단철도를 한반도종단철도와 연결하려는 계획은 무산되는 겁니다. 이렇게 되면 우리는 영영 북한에 가로막혀 고립되게 됩니다.

일본이 섬나라라고요? 천만에요! 이렇게 되면 섬나라는 일본이 아니라 바로 분단의 대한민국인 것입니다. 한반도 고립에 따른 경제적 손실은 가히 천문학적입니다.

100년 전 우리 선조들은 서울역에서 파리행 기차표를 끊을 수 있었습니다. 대한민국 사람이라면 누구나 시베리아 횡단열차를 타고 유럽으로 여행을 가는 꿈을 꿔봤을 것입니다. 저도 마찬가지입니다.

그런 우리에게 대륙으로 뻗어나갈 기회가 송두리째 날아가는데 어떻게 잠이 오겠습니까? 우리나라 향후 100년을 좌우할 복을 제 발로 차버린 셈입니다. 이런 판국에도 우리 정부는 손 놓고 나 몰라라 하고 있는 실정입니다.

통일은 대박이라고요? 무슨 대박입니까? 쪽박, 피박 신세도 못 면하고 있습니다. 우리는 도대체 무슨 꿈을 꾸고 있습니까?

가까이 중국은 중국몽, 일대일로의 꿈을 펼치고 있습니다. 일본을 볼까요? 3년 연속 과학상을 수상했고, 총 22명의 노벨과학상 수상자를 배출하는 저력을 보여주고 있습니다. 러시아는 새로운 성장 동력으로 극동지역 개발에 열을 올리고 있고, 일본이 러시아의 가려운 곳을 확 긁어주면서 베팅을 강화하고 있습니다.

지금 우리는 도대체 무슨 꿈을 꾸고 있습니까? 도대체 이 나라에 꿈이란 게 있기나 합니까?

개성공단은 또 어떻게 됐습니까?

개성공단을 닫고 도대체 어디에서 통일의 꿈을 제조한단 말입니까? 개성공단이 그냥 물건 만드는 공장입니까? 개성공단은 그냥 공장이 아닙니다. 이 정부는 개성공단을 몰라도 너무 모릅니다. 무지하고 무능합니다. 개성공단은 남북경협의 상징이고, 남북관계의 지렛대 역할을 하며 남북관계의 마지막 보루와도 같은 곳입니다.

빌리 브란트 총리와 에곤 바르

동방정책의 실질적인 입안자인 에곤 바르Egon Bahr가 개성공단을 보고 이렇게 이야기했습니다.

"분단 한반도의 개성공단 건설을 보며 깜짝 놀랐다. 나는 독일통일을 입안하며 개성공단 같은 것은 생각하지도 못했다. 독일도 그렇게 했다면 천문학적 통일비용을 줄일 수 있었겠다 싶어 너무 놀랐다. 김대

중 대통령의 탁월함으로 효과적인 남북통일이 보인다."

그렇습니다. 개성공단은 통일의 싹을 틔우는 공장이었습니다. 남북간 신뢰를 쌓는 공장이었습니다. 남과 북이 만나 같이 일을 했습니다. 이보다 더 좋은 통일의 길이 있습니까? 개성공단을 닫기는커녕 제 2의, 제 3의 개성공단을 만들어야지요. 통일 비용을 시민들이 부담하지 않기 위해서는 경제교류를 더 활발하게 이루어나감으로써 북한 주민들의 생활수준을 높이고 한국 경제의 돌파구도 마련해야지요.

지금의 남북관계는 남북 모두에게 득이 되지 않습니다. 어부지리로 중국에 좋은 일만 했습니다. 이명박 정부 5.24조치 때도 확인되었지만 남북 경제협력이 줄면 그만큼 북·중 경제협력이 늘어납니다.

개성공단을 방치하면 다음 정부가 재가동하고 싶어도 못합니다. 기계 설비가 녹슬고 장비가 고장 나면 공단은 거대한 고철덩어리로 변할 겁니다. 시간이 더 지나면 개성공단은 완전히 죽습니다. 시간이 없습니다. 하루 빨리 재가동해야 합니다.

개성공단 자리는 안보적으로도 중요합니다. 한국 전쟁 당시 북한군의 주요 남침 경로였고, 북한의 입장에서 군사적 요충지입니다. 개성공단을 건설하면서 후방으로 물러난 주요 부대들이 다시 전진 배치될 가능성이 큽니다. 안보를 생각하는 정부라면 이런 결정을 할 수가 없습니다.

어디 불안해서 살겠습니까? 많은 국민들이 불안해서 못 살겠다고 아우성입니다. 신뢰는 깨졌고, 평화는 없고, 다시 전쟁을 걱정해야 하는 현실이 정말로 개탄스럽습니다. 평화의 공든 탑은 무너뜨리고, 전쟁 불사를 외치고 있습니다. 무모하고 어리석은 일입니다.

전쟁의 길로 내모는 군비경쟁의 악순환에서 벗어나야 합니다. 그것은 국민이 바라는 국익이 아닙니다. 평화라는 땅에서 경제라는 꽃을 피워야 하는 것이 우리 시대의 과제입니다. 이것은 진영의 논리가 아닙니다. 우리 민족의 사활이, 한반도의 명운이 걸린 문제입니다. 지금 당장 방향을 바꿔야 합니다. 단순히 박근혜, 이명박 정부 이전으로 돌아가자는 이야기가 아닙니다. 더 크고 원대한 꿈을 꾸어야 합니다.

북방뉴딜로 남북공존의 시대를

"북쪽으로 가야 합니다."

이런 주장을 하면 일부에서는 또 종북이라고 하겠지요? 그래도 할 수 없습니다. 북방에 자원이 있고, 가능성과 기회가 열려 있고, 대륙으로 이어진 길이 있습니다. 이것이 지금 남방경제의 한계를 극복하는 길이요, 한반도뿐만 아니라 동북아공동체를 번영케 함으로써 통일에 이르는 길입니다.

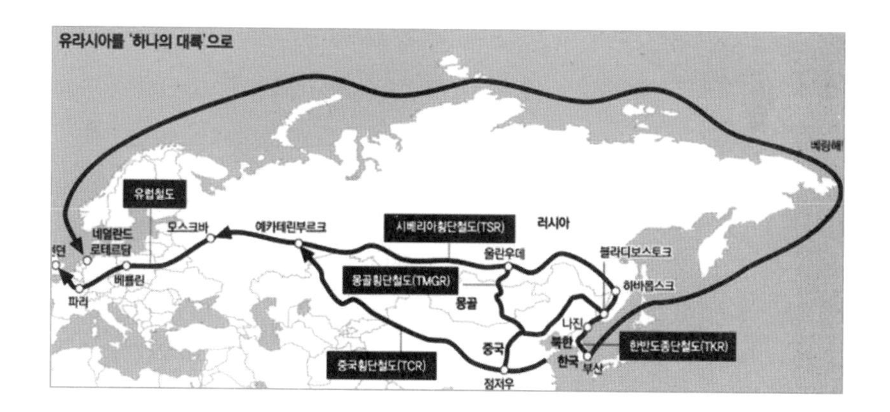

새로운 북방경제패러다임, 북방뉴딜

자, 앞의 지도를 한번 보십시오! 북방뉴딜의 핵심이 되는 철도 연결은 우리나라가 섬이 아니라 대륙으로 연결되는 것입니다. 유럽으로 뻗어가서 물류와 사람의 왕래가 생기면 그게 경제 아닙니까? 이것은 '21세기 한민족 부흥 프로젝트'이자, 저출산 고령화, 저성장의 늪에 빠져 있는 '한국경제의 탈출구'이기도 합니다.

그 시작점이 되는 연해주는 어떤 땅입니까? 연해주는 발해의 땅이었고, 한민족 정체성을 가진 고려인들의 삶의 터전이었습니다. 일제 강점기 때는 안중근 의사의 활동 근거지이기도 했습니다. 우리의 역사가 살아 숨 쉬는 땅입니다. 다시 우리 역사의 무대로 만들어야 합니다.

저는 10년 전 연해주 일대를 돌아보는 기회를 가졌습니다. 연해주에서 무한한 가능성을 확인했습니다. 우리가 한반도에 머물러 있지 않고 대륙으로 뻗어나갈 수 있는 역사적 근거와 기회를 확인할 수 있었습니다. 하산, 연해주 일대에 러시아의 땅, 한국의 자본과 기술, 중국과 북한의 노동력을 결합하여 새로운 공업과 산업단지를 개발하면 러시아, 중국, 유럽, 일본이라는 거대시장으로 진출할 수 있는 시작점이 될 수 있습니다.

한반도 평화 컨센서스 필요

한반도 평화에 대한 국민적 합의가 필요합니다. 지금처럼 위기 상황일 때 우리에게 필요한 것은 국민의 지혜를 모으는 것입니다. 초당적 협력을 통해 위기극복 방안을 논의하고, 평화를 위한 국민적 공감대를 모아야 합니다. 1962년 쿠바 미사일 위기를 해결했던 케네디의 경험에서 보면, 가장 중요한 것은 민주주의였습니다.

그런데, 우리의 현실은 어떻습니까? 박근혜 정부는 한반도 위기를 국내정치로만 활용하고 있습니다. 국민은 더 이상 정부를 신뢰할 수가 없습니다. 안보의 기본은 신뢰입니다. 신뢰의 열쇠는 소통과 민주주의에 있습니다. 위기를 증폭시키는 무능한 지도자가 아니라 위기를 해결하는 민주적이고 유능한 대통령이 필요합니다.

통일의 문제는 진영의 논리와 이데올로기에 갇히면 안 됩니다. 종북타령은 이제 그만 해야 합니다. 다른 건 몰라도 평화와 통일에 관한 것은 민족의 명운이 걸린 문제로 당파적 이해를 뛰어넘어야 합니다. 정권이 바뀌어도 일관되게 유지되고 계승, 발전시킬 수 있어야 합니다. 그런 점에서 독일의 통일과정을 참고할 필요가 있습니다.

독일 빌리브란트의 동방정책

저는 2004년에 3개월 동안 독일 사회를 돌아볼 기회가 있었습니다. 프리드리히 애버트재단 초청으로 독일통일은 물론이고 독일의 역사, 문화, 시민사회에 대해서 배우고, 많은 영감을 얻을 수 있었습니다.

독일은 정부가 바뀐 뒤에도 변함없는 동방정책을 펼쳐나갔습니다. 당파적 이익을 넘어서 민족적 문제에 대해서는 합의한 결과를 번복하지 않았기 때문입니다. 빌리 브란트 이전에도 아데나워 서방정책, 그리고 그 이후 콜 수상의 통일외교와 동서독 통일협상으로 이어졌기에 통일이 가능했습니다. 동방정책의 전후과정 모두가 통일의 밑거름이 되어 통일을 이룰 수 있었습니다. 또한 서독과 동독은 베를린을 비롯한 도시간의 교류협력을 통해 신뢰를 축적함으로써 법적인 통일에 앞서 사실상의 통일을 이뤄낼 수 있었습니다.

김대중 대통령과 노무현 대통령의 남북평화정책

우리에게도 그런 획기적인 전환을 만들어 낸 지도자가 있었습니다. 요즘 부쩍 김대중 대통령이 그립고 또 그립습니다. 참으로 우러러보지 않을 수 없는 선각자이셨습니다. 민주주의가 후퇴하고 남북통일이 멀어져가고 있는 이 시대에 그런 통합과 비전의 리더십이 절실히 필요합니다.

시대가 많이 변한 지금도 종북으로 몰릴까봐 자기 검열을 하는 현실이 개탄스럽습니다. 북핵문제는 한반도 냉전체제의 산물입니다. 한반도 냉전극복의 전략과 비전 없이 어떻게 북핵문제를 해결하겠습니까? 불안정한 정전체제를 항구적인 평화체제로 전환하는 것, 이것이 바로 우리 시대의 과제임을 잊지 않아야 합니다.

그동안 한반도에서 평화 만들기의 역사는 결코 짧지 않았습니다. 노태우 대통령의 7.7선언부터, 김대중 대통령의 6.15선언, 노무현 대통령의 10.4 선언까지 평화를 만들고 그 평화의 땅에서 번영의 꽃을 피우고자 노력했습니다. 그런데 무책임한 대통령 하나로 인해 하루아침에 그 축적된 평화가 공중분해되었습니다. 정치인의 한 사람으로 막중한 역사적 책임감을 느끼지 않을 수 없습니다.

통일은 준비가 아니라 평화의 실천이 중요

통일은 어느 날 갑자기 오는 기적이 아닙니다. 이명박, 박근혜 정부는 통일이 도둑처럼 온다고 주장했지만 그렇지 않습니다.

통일은 하늘에서 뚝 떨어지기를 기다리는 것이 아니라 농부의 마음으로 밭을 일궈가듯이 하루하루 실천해야 하는 것입니다. 잡초를 뽑고, 재해에 대비하면서 땀을 흘려야 하는 것입니다. 통일은 준비하는 것이 아니라 평화를 실천하는 과정에서 오는 것입니다.

빌리 브란트가 말했습니다.

"평화가 전부는 아니다. 그러나 평화가 없으면 아무것도 할 수가 없다. 큰 담론보다도 작은 실천이 중요하다."

그러므로 한반도 평화는 all or nothing의 게임이 아니라 '실용적 평화정치', '축적된 평화실천'이 필요합니다.

우선 남북대화부터 시작해야 합니다. 어떠한 상황에서도 대화의 끈을 놓아서는 안 됩니다. 대화는 인도적 지원으로, 인도적 지원이 풀뿌리 교류로, 문화적·인적 교류와 경제협력이 쌓여 평화가 만들어지는 것입니다. 이산가족이 서로 만나고, 우편과 통신이 이어지고 문화교류와 경제협력으로 이어져야 휴전체제를 평화체제로 전환할 수 있습니다. 우리가 우리의 손으로 '사실상의 통일'을 만들어야 합니다. 그러면 정치적인, 법적 통일이 뒤따라 올 것입니다.

통일의 삼두마차 : 중앙정부, 지방정부, 시민사회

지방정부의 외교 안보적 역할에 대한 근본적인 패러다임 전환이 필요합니다. 독일 통일에 지방정부와 시민사회의 역할이 매우 컸다는 사실을 상기해보면 우리 지방정부도 대북 교류협력사업의 당당한 한 축이 되어야 합니다.

그런 점에서 독일처럼 자치와 분권의 원칙에 따라 지방정부도 적극적으로 도시교류에 나설 수 있어야 합니다. 남북교류협력법을 개정해서 지방정부도 남북교류협력을 할 수 있게 해야 합니다.

남북문제만이 아닙니다. 지역은 더 큰 역할을 할 수 있습니다. 지역이 지역의 문제를 해결할 수 있도록, 진정한 지방자치가 가능하도록 국가균형발전과 지방분권, 자치분권의 새 시대를 열어가야 합니다.

30년 내에 전국 시·군·구 226곳 중 37%인 84개의 시·군이 소멸에 가까운 길을 걷게 될 거라는 예측이 있습니다. 이는 단순히 시·군이 없어지는 문제가 아닙니다. 지역, 아니 국가존망이 걸린 중차대한 문제입니다. 아주 새롭게 출발해야 합니다.

결국 우리의 미래는 지역에 있고, 또 앞서 말씀드린 것처럼 대륙으로 가는 길에 있습니다. 분단의 섬 한반도가 대륙으로 맞닿을 때, 그리고 지역에서 자치분권과 지역경제의 꽃이 피어날 때 한반도 번영의 길이 열릴 것입니다.

이 모든 것의 시작은 대화이고, 소통이고 민주주의입니다. 그런데 우리는 지난 보수정권 9년 동안 불통과 독선이 평화의 공든 탑을 무너뜨리고, 경제를 망가뜨리고, 공동체를 분열과 대립으로 몰아가는 현실을 목격했습니다.

문제는 리더십입니다. 이 시대는 민주주의의 가치를 알고, 소통할 줄 알고, 평화를 만드는 새로운 지도자를 요구하고 있습니다.

제가 믿는 구석이 딱 하나 있습니다. 바로 국민입니다. 국민의 지혜, 국민의 힘, 국민권력시대가 답입니다. 대한민국 국민은 위대하고 현명하기에 새로운 역사가 반드시 시작될 것입니다.

6부

대한민국의 미래혁명

청년, 여성, 자치분권, 탈핵을 중심으로

11장은 2017년 1월 25일 NPO지원센터에서 열린 '박원순의 3대 청년정책' 발표문을 토대로, 12장은 2017년 1월 23일 '서울지역 여성리더와 함께하는 신년회' 인사말을 토대로, 13장은 2017년 1월 7일 '분권나라 2017' 창립대회의 사전행사로 열린 특강의 원고를 토대로, 14장은 2017년 1월 14일 부산지역 시민단체 주최로 부산YMCA 강당에서 '지속가능한 안전도시'를 주제로 한 특강의 원고를 토대로 하였습니다.

가장 활력이 넘쳐야 할 청년들이 고용절벽을 마주하고 절망하고
있습니다. 청년들이 이 절벽 너머의 세상을 꿈꿀 수 있도록
우리 사회는 그들에게 디딤돌을 놓아주어야 합니다.

11장

청년기본소득과 청년일자리 창출 방안

청년도 살리고, 경제도 살리고, 나라도 살리는 정책

청년에 대한 이야기를 하자면 밝은 미래여야 하지만, 오히려 어둡고 우울한 것이 현실입니다. 지난 설날에도 고향에 못 간 청년들이 많았을 것입니다. 지금 이 순간에도 고시원이나 도서관에서 취업을 준비하는 청년들이 많을 것입니다.

매년 청년들이 교원이나 공무원 시험에 100만 명 이상 몰린다는 것은 무엇을 의미합니까? 작년 서울지역 한 초등학교 학생들의 미래 꿈으로 '건물임대업자'와 '공무원'이 1위와 2위를 차지했다는 언론 기사는 우리의 참담한 현실을 보여줍니다.

언론보도에 따르면, 2016년 현재 우리나라의 '사실상 실업자'는 453

만 명에 이르고 있습니다. 정부가 공식 집계한 실업자 101만 명의 4.5배에 달하는 수치입니다.

특히 청년실업률(15~29세)은 2016년 9.8%로, 전체 실업률의 3배에 육박합니다. 이른바 청년 니트족이 2015년 기준으로 124만 명에 달한다는 점을 감안하면 체감 청년실업률은 더욱 심각합니다.

'青年'이라는 이름이 무색하게 청년의 다른 이름은 '삼포', '오포'를 넘어 'N포 세대'로 진화하고 있습니다. 아니 퇴화하고 있습니다. 아르바이트로 사는 인간 '호모 알바스', 편의점에서 일하고 편의점 도시락으로 끼니를 때우는 '편의점 인생'이란 자조가 넘치고 있습니다.

이렇게 살고자 '노오력'하고 몸부림치는 청년들에게 대통령은 '중동으로 가라'고 하고, 한 대선주자는 '일이 없으면 자원봉사라도 하라'고 말합니다. 이런 단편적인 인식으로는 청년 문제를 풀 수 없습니다. 청년들의 현실에 대한 성찰과 다가올 미래사회에 대한 통찰, 그리고 미래세대에 대한 책임의식이 있어야 합니다.

성장과 분배에 대한 올바른 인식, 공정한 기회의 보장을 통해서 청년을 살리고, 경제도 살리고, 나라도 살릴 수 있습니다. 저는 매년 '일자리대장정'으로 아르바이트 청년, 대학을 졸업하고도 취업준비를 하는 취업준비생들, 그리고 몇 년 동안 노량진에서 공무원시험 준비하느라 바쁜 청년들을 만났습니다. 청년들과 함께 그들의 목소리를 듣고 그들과 함께 청년정책을 만들기도 했습니다.

지난 5년간 서울시장으로 일하면서 작지만 의미 있는 청년정책을 펼친 경험이 있습니다. 기존 공공근로 형태에서 탈피하여 사회적 가치를 추구하는 공공부문 뉴딜 일자리 창출로 작년에만 1,268명이 취업

했습니다. 또 창업희망자에 대한 단계별·맞춤형 지원전략인 '챌린지 1000 프로젝트'(250개 팀)도 진행하고 있습니다.

청년들의 미래 직업선택과 진로탐색 그리고 주거 및 금융지원 등을 위해 서울시는 일자리센터, 기술교육원, 일자리카페 등 다양한 자원을 투여하고 있습니다. 2017년에는 청년안전망 예산으로 1,805억 원을 투자합니다. 특히 최근에는 서울지역 아르바이트 청년 권리보호 및 환경 조성을 위해 아르바이트 청년 권리지킴이와 노동권리보호관도 발족했습니다. 이번 달부터는 아르바이트 임금체불피해 집중신고기간을 두어 120다산콜센터 등을 통해 기초상담부터 진정과 청구 및 행정소송까지 무료로 대행하고 있습니다.

또한 서울시는 도전숙, 희망하우징, 사회주택, 서울리츠 등 다양한 방식으로 청년 공공임대주택을 개발해서 저렴하게 공급하고 있습니다. 제가 서울시장으로 재임하는 동안 청년 공공임대주택 7,045호가 착공 또는 입주를 완료했습니다.

시민들에게는 '청년수당'만 주로 알려졌지만, 이처럼 서울시는 종합적인 청년보장정책을 시행해 왔습니다. 다시 말해서 '일자리', '설자리', '살자리', '놀자리'를 함께 마련해드리고 있습니다. 그 소통과 정책경험을 계승 발전시켜, 저는 우리시대 가장 시급한 민생대책이자 우리의 미래를 위한 사회적 투자인 청년정책을 '청년기본소득', '청년일자리', '청년주거'를 중심으로 제안하고자 합니다.

청년들에게 매월 30만 원의 '청년기본소득' 지급

청년기본소득은 서울시 청년수당의 정책 경험을 바탕으로 합니다.

지난 2016년 7월 서울시 청년수당을 신청한 6천여 명의 사연에서 하나같이 절박한 20대 청년들의 아픈 현실을 마주했습니다. 취업하지 못한 청년들의 삶은 인간의 기본적인 존엄성도 상실한 상태였습니다. 우리는 청년들에게 그들의 삶을 복원하고, 그들의 꿈을 되살리고, 그들의 미래를 설계할 시간과 기회를 제공해야 합니다.

청년들이 첫 직장을 잡을 때까지 최소한의 생계를 유지하고 사회적 자립을 위한 삶의 디딤돌로 청년기본소득을 지급하겠습니다. 첫 직장을 잡을 때까지 월 30만 원씩 최대 3년까지 지급하면, 약 2조 6천억 원의 비용이 소요될 것으로 추산됩니다. 이를 위한 재정은 재정개혁, 조세개혁, 공공부문 개혁을 통해 확보 가능한 연평균 54.4조 원의 추가 재원으로 충당할 수 있습니다.

공무원, 공공기관 청년일자리 10년 동안 50만 개 늘릴 것

OECD 평균 공공부문의 고용비중이 21.3%인데 비해 우리나라는 7.6%에 불과합니다. 지방공기업 등의 인력을 포함한다 해도 OECD 평균과는 10%포인트 이상의 차이가 있다는 것이 전문가들의 분석입니다. 그 차이만큼 공공분야의 고용이 낮고 국민들은 공공서비스 혜택을 제대로 받지 못하고 있습니다.

서울시는 '찾아가는 동주민센터(일명 찾동)' 정책을 통해 모두 2,400명의 사회복지직 공무원과 500명의 간호사를 신규로 채용하는 과감한 정책을 수행한 경험이 있습니다. 이들 대부분이 청년임은 말할 것도 없습니다. 이를 전국적으로 확대하여 복지, 보건, 교육, 안전, 위생 등 주민밀착형태의 주민서비스를 대폭 확대한다면 이를 실행하기 위해 공무원이나 공공기관에서 청년 고용을 늘릴 수 있습니다.

향후 우리나라가 선진 복지국가와 같이 국민에게 적절한 공공서비스를 제공하도록 10년에 걸쳐 매년 10만 명씩 공무원 또는 준공무원을 뽑아야 합니다. 그 가운데 최소 절반, 즉 매년 5만 개씩 10년간 50만 개의 일자리가 청년들에게 돌아갈 것이고 이를 통해 획기적으로 개선할 수 있습니다. 물론 무사안일, 복지부동으로 표현되는 공공분야의 비효율에 대한 과감한 개혁과 함께 진행되어야 할 것입니다.

또한 공공기관에 한정된 '청년고용할당제'를 민간대기업으로 확산하고 그 비율도 5%로 확대할 것을 제안합니다. 청년실업 해소를 위해 공공기관의 청년고용을 3%에서 5%까지 높여야 합니다. 공공기관(128곳) 청년고용을 5%로 확대하면 13,277명이, 지방공기업과 출연출자기관(43곳)으로까지 확대하면 1,828명의 신규 일자리가 생깁니다. 결국 중앙과 지방공공기관에서 약 15,105명의 청년 일자리가 창출 가능합니다.

청년고용할당제를 공공부문만이 아니라 300인 이상 민간대기업(3,164곳)으로까지 확대해야 합니다. 20대 국회 일부 법안으로도 제출된 바 있는 청년고용촉진특별법 적용대상과 범위를 민간대기업으로 확장할 경우 143,481명의 신규 고용창출이 가능합니다.

쉐어하우스 10만 호 공급으로 청년 주거 빈곤 해소

청년들의 실업뿐만 아니라 청년들의 주거불안도 심각한 사회문제입니다. OECD는 소득 대비 주거비 부담 비율[RIR]이 20%를 넘지 않도록 권고하고 있습니다. 그런데 우리나라 수도권 거주 청년가구의 10곳 중

7곳(69.9%)이 RIR 30%를 넘는 현실입니다. 뿐만 아니라 주거환경도 상당히 열악해서 기본적인 생활수준을 잠식할 정도입니다. 서울시는 기존에 실시하고 있는 건설·매입임대·전세임대 등의 청년 공공임대주택 공급도 획기적으로 늘리겠습니다.

최근 관심이 높아지고 있는 쉐어하우스도 적극 공급해야 합니다. 쉐어하우스는 침실은 각자 따로 사용하지만 거실·주방·욕실은 공유하는 주거공간으로서 주거의 질 향상과 함께 1인 가구의 고립감을 해소하는 장점도 있습니다. 1인 가구 청년들에게 쉐어하우스를 연간 2만 호 이상, 2022년까지 총 10만 호 이상 공급하고, 월 임대료도 20~30만 원 수준으로 낮추어 장기간 거주할 수 있도록 해야 합니다.

또한 청년을 위한 특별주거급여제도를 신설해서, 청년의 주거비 부담을 줄여 주어야 합니다. 현재 정부가 저소득층과 차상위층에게 연간 1조 원을 주거급여로 지원하고 있지만, 청년을 위한 주거급여는 따로 실시하고 있지 않습니다. 기존의 주거급여 외에 별도의 예산을 따로 책정해서 청년에게 주거급여를 지원해야 합니다.

절벽 너머의 세상을 꿈꿀 수 있도록 디딤돌을 놓아줍시다

이상의 청년기본소득, 청년일자리, 청년주거대책 등 3대 핵심 정책에 더해 청년들이 겪고 있는 시급한 문제들도 보다 적극적으로 대응해야 합니다.

청년들이 빚의 족쇄에서 벗어나 경제적으로 자립할 수 있도록 지원하는 것이 시급합니다. 지금은 청년 실신(실업+신용불량) 상태라고 합니다. 학자금을 대출 받아 어렵게 대학은 졸업했지만 일자리가 없어 실업자 신세에서 벗어나지 못합니다. 소득이 없으니 빚을 못 갚고 오히려 빚이 늘어나기만 하다가 결국 신용불량자로 떨어지고 있습니다.

대학 등록금이나 학자금 대출제도 개선

대학학자금 대출 때문에 경제적 여건이 취약한 미취업 청년들에게 금융채무불이행자가 되지 않도록, '학자금 대출 이자 및 상환유예 기간'을 더욱 보완해야 합니다. 이미 지난 1월 국공립대 반값등록금을 이야기한 바 있지만 점진적으로 사립대학까지 확대해야 합니다. 또한 현재 근거가 불명확한 대학 입학금도 폐지되어야 합니다.

청년이 안정된 미래계획을 설립할 수 있도록 재정 지원

'서울시 희망두배통장'(월 200만 원 이하, 부모 소득 중위소득 80% 이하, 연 6개월 이상 근로자)이나 '경기도 희망키움통장'처럼 제도를 확대하는 것도 한 방법입니다. 물론 청년생활비 보조를 위해 통신비(데이터요금/무료와이파이) 및 교통비 '청년할인제'를 도입하는 것도 적극적으로 검토해야 합니다.

소위 열정페이 채용 및 잘못된 고용 관행 개선

특히 아르바이트와 인턴 다수 사업장을 중심으로 수시근로감독을 통해 위법적 고용관행을 적극 개선(악성 사업주 처벌)해야 합니다. 아르바이트임금 체불 문제는 중앙과 지방정부가 협업해야 합니다. 전국의 120콜센터를 통해 아르바이트임금체불상담센터를 운영하는 것도 한

방편입니다. 또 알바신고 및 상담 센터를 전국의 다양한 노동지원센터들과 협업하는 것도 필요합니다.

청년창업을 종합적으로 지원

청년창업은 스스로 새로운 일자리를 만드는 일이기 때문에 공공기관에서 적극 지원해야 합니다. 청년창업이 지속 가능하기 위해서는 초기 준비과정start-up부터 규모 있는 경제 형성과 교육이 가능하도록 지원을 해야 합니다. 단순 사무실 대여와 목돈 지원이 아닌, 1인 1창업자의 신규 고용 인력 인건비(중앙-지방 매칭제도, 두리누리사회보험 확대)와 디자인 설계와 마케팅까지 지원할 수 있는 시스템을 갖출 수 있도록 지원할 것입니다.

가장 활력이 넘쳐야 할 청년들이 고용절벽을 마주하고 절망하고 있습니다. 청년들이 이 절벽 너머의 세상을 꿈꿀 수 있도록 우리 사회는 그들에게 디딤돌을 놓아주어야 합니다.

그것은 국가의 책임입니다. 경제를 걱정한다면 청년에 투자해야 합니다. 나라의 미래를 걱정한다면 역시 청년을 지원해야 합니다. 청년이 우리의 미래입니다.

남녀 성차별이 없는 평등사회

설 명절을 앞둔 지난 1월 중순에 정말 가슴 아픈 일이 있었습니다. 세 아이를 키우던 세종정부청사의 한 여성 공무원의 과로사는 개인적인 사건이 아니라 사회적인 사건입니다. 그 뉴스를 보고 저는 가슴이 무너졌습니다. 새로운 대한민국을 만들겠다고 나선 정치인의 한 사람으로서 저는 미안함과 함께 무거운 책임감을 느꼈습니다.

이것은 노동의 문제, 육아의 문제, 성평등의 문제, 사회문화적인 문제 등 복합적인 문제입니다. 저는 인권변호사로 활동하면서 여성조기정년제, 성희롱, 성고문, 일본군 위안부문제와 같은 성차별과 성폭력 사건들에 힘을 보태고 해결하기 위해 노력해 왔습니다. 그리고 시민운동가로 사회를 개혁하는 데 앞장섰고, 천만시민의 서울시장으로서 성 평등을 위해서 노력하고 실천해 오고 있습니다.

그러나 아직 부족한 점이 많습니다. 특히 법과 제도를 바꿔야 하는 부분에서 저의 힘이 미치지 못한 곳도 많이 있습니다. 특히 이번 공무원 과로사를 접하며, 성차별과 젠더 평등 문제는 근본부터 고민하고 해결해야 한다는 생각이 더욱 확고해졌습니다.

국민들이 원하는 나라는 상식적이고 공정한 나라입니다. 새로운 대한민국은 성 평등한 나라여야 합니다. 여성들이 일한 만큼 공정하게 보상받고 경제적 주체로 설 수 있게 해야 합니다. 남녀의 전통적 역할도 깨져야 합니다. 여성에게 과도하게 부과된 자녀 돌봄과 부모 부양은 남성과 여성, 그리고 국가가 함께 나누어야 합니다. 수직적이고 권위적인 집단문화와 폭력, 여성혐오도 사라져야 합니다. 성 평등한 사회를 만들기 위해서 저는 다음과 같이 제안드리고 싶습니다.

남녀 고용평등이 이루어지는 일자리 정책

한 나라의 성 평등을 가늠하는 중요한 지표는 성별 임금격차입니다.

2014년 기준으로 우리나라 여성의 평균임금은 남성의 63% 수준입니다. 여성들이 불안정하고 저임금의 일자리에 집중되어 있기 때문에 성별 임금격차가 큽니다.

먼저, 이를 해결하기 위해 여성과 남성의 노동이 존중되고, 경제적 자립이 가능한 고용평등 사회를 이루어야 합니다.

공공부문의 비정규직은 정규직으로 모두 전환하고, 민간부문에서 상시적인 업무는 정규직으로 고용할 수 있게 하여 비정규직을 대폭 줄여야 합니다. 또한 최저임금 1만 원 시대를 열어야 합니다. 이렇게 된다면 남성 대비 여성 임금 격차를 5년 이내에 75% 수준까지 줄일 수 있을 것입니다.

둘째, 감정노동자 권리 보호를 법제화 해야 합니다.

서울시는 이미 감정노동권리보호 조례를 제정하여 시행하고 있습니다. 이를 전국적으로 확대하여 과도한 감정노동과 폭력을 방지하고, 감정노동자들의 권리를 보호해야 합니다.

셋째, 고용평등근로담당관을 지정해야 합니다.

현재 고용평등상담실과 근로감독관이 여성노동자들의 고충처리를 하고 있으나 행정력이 부족하여 충분한 역할을 하지 못하고 있습니다. 임금체불, 부당노동행위, 차별, 노동인권을 전담하는 고용평등근로감독관을 신설하고 확대하여 실질적 고용평등이 이루어지도록 노력해야 합니다.

남녀 모두 일과 가족의 양립이 가능한 사회

남성과 여성이 함께 아이를 행복하게 양육할 수 있으려면 세 가지 정책이 함께 추진되어야 합니다. 부모가 일하는 동안 아이들을 잘 돌보는 보육시스템의 정착도 중요하고, 아이들이 어릴 때 부모가 아이들과 함께 시간을 보낼 수 있는 시간을 법적으로 보호하는 것도 중요합니다.

첫째, OECD 최장시간 노동국이라는 불명예를 씻어내야 합니다.

노동시간을 획기적으로 단축하되 질 좋은 일자리가 늘어나도록 하는 것이 중요합니다.

둘째, 양질의 보육시스템을 위한 신보육프로젝트를 제안합니다.

현재 우리나라에서 국·공립 어린이집을 이용하는 아동 비율은 11.4%에 불과합니다. 향후 국·공립 어린이집 8,900여 개를 더 지어서 전국의 어린이 2명 중 1명은 국·공립 어린이집에 다닐 수 있도록 해야 합니다.

국·공립 어린이집의 확충은 여성에게 과도하게 집중되어 있는 육아 부담을 줄이기 위해 꼭 필요한 국가책임보육의 선결조건입니다. 그러나 국·공립 어린이집을 늘리는 것만으로는 충분하지 않습니다. 보육의 질을 높이는 노력이 필요합니다. '표준보육서비스' 기준과 그에 따른 '보육비용' 재설계를 실시하고, 교사 대 아동 비율을 최적화 해야 합니다.

셋째, 원하는 사람은 모두 출산휴가제를 사용할 수 있도록 기존 제도를 보완해야 합니다.

출산 전후 휴가급여의 재원을 건강보험으로 이관하고 적용대상을 전면 확대하여 불안정한 일자리를 가진 여성이나 자영업을 하는 여성도 출산휴가급여의 혜택을 받을 수 있도록 해야 합니다.

넷째, 일하는 부모들 모두 원하는 만큼 직장에서 눈치를 보지 않고 육아휴직을 사용할 수 있도록 기간-급여 연동형 육아휴직제를 도입할 것을 제안합니다.

2015년 현재 육아휴직자의 약 5.6%만이 남성입니다. 남성들도 육아휴직을 적극적으로 활용할 수 있도록 육아휴직 기간과 소득대체율을 연동하여 다양한 옵션으로 설계할 수도 있습니다. 육아휴직을 짧게 사용하면 그 기간 동안 소득대체율을 높게 적용해주고, 소득대체율이 낮더라도 육아휴직 기간은 더 늘여서 활용할 수 있게 제도를 개선해야 합니다.

이렇게 하면 남성들의 육아휴직 사용이 증가한다는 것이 해외사례에서도 입증된 바 있습니다.

일상에서 폭력이 없는 안전한 사회

여성들은 어떠한 폭력으로부터 안전해야 하고, 폭력에 대한 두려움 없이 살 수 있어야 합니다. 이는 기본적인 권리입니다.

첫째, 여성에 대한 폭력 근절을 위한 5개년 행동계획이 수립되어야 합니다.

우리나라는 여성폭력을 처벌하는 제도들이 있으나, 여러 법에 부분적으로 산재되어 있어 실효성을 높이기 위한 통합적 법률이 필요합니다. 폭력의 사각지대였던 직장 내 폭언 및 폭력, 스토킹·데이트폭력, 몰래카메라 유통, 디지털 성범죄 등을 방지하고 처벌하는 방안이 시급합니다. 인권존중과 폭력방지를 위한 교육, 캠페인, 피해자 지원에 대한 포괄적이고 중장기적인 방안 마련이 시급합니다.

둘째, 최근 비대면성을 무기로 온라인에서 기승을 부리고 있는 디지털 성범죄를 근절하는 데 노력을 기울여야 합니다.

카메라나 인터넷 같은 디지털 매체로 일어나는 디지털성범죄의 급속한 증가로 여성 안전에 대한 불안은 가중되고 있습니다. 정부는 이러한 문제에 보다 적극적으로 개입해야 합니다.

민관이 협력하여 모니터링, 피해자 지원(심리상담, 치유, 법률지원), 운영자, 촬영자 및 게시자 고발, 활동가를 보호하기 위한 방안을 시행해야 합니다. 또한 가해자에 대한 분명한 처벌과 피해자에 대한 완전한 인권보장이 실현될 수 있도록 여성 폭력에 대해 무관용의 원칙이 지켜져야 합니다.

지난 주 수요일 1,226번째 수요시위가 열렸습니다. 1992년 이후 25년째입니다. 저는 2000년 국제전범 법정에서 일본군 성노예전범을 기소한 검사였습니다. 그로부터 15년 후 정부는 피해자들의 명예회복은 물론 일본의 법적 책임과 사과도 없는 굴욕적인 한-일 합의를 했습니다. 심지어 일본군 위안부 관련 자료의 유네스코 등재도 없던 일로 했으며, 일본의 합의금으로 위안부 할머니들을 회유하는 퇴행적인 행태를 보이고 있습니다.

한-일 위안부 합의는 반드시 폐기되어야 합니다. 올해는 민간단체에서 추모하는 위안부 기림일인 8월 14일을 '세계위안부피해자 기림일'로 정하는 등 일본의 사죄와 위안부 할머니들의 명예회복을 위해 끝까지 싸우고 노력해야 합니다.

지금 국정농단의 주역들이 공교롭게도 여성들이기 때문에 자칫하면 여성비하로 번질 수도 있습니다. 하지만 이런 행위는 자칫 그동안 여성들이 쌓아 온 정치적 역량이 폄하될 수도 있기에 경계해야 합니다. 이번 일이 앞으로 여성들의 정치·사회적 지위 향상에 걸림돌이 되어서는 안 될 것입니다.

지금 우리는 새로운 대한민국으로 나아가느냐 마느냐 하는 중대한 기로에 서 있습니다. 그동안 많은 분들이 사회 여러 곳에서, 지방자치 현장에서 성 평등을 위해 행동하고 실천해 오셨습니다. 그럼에도 우리가 새로운 대한민국을 맞이하는 데 있어서 해야 할 일들은 여전히 산적해 있습니다. 국민 모두가 함께 지혜를 모으고 힘을 합쳐 성 평등한 대한민국, 완전히 새로운 대한민국을 만들기 위해 노력해야 할 때입니다.

자치분권 실현을 국정 제1과제로!

모든 자원이 중앙에 집중되고 지방은 소외되는 시대를 끝내야 합니다

저는 오래도록 지방분권, 지방자치의 신봉자였습니다. 희망제작소 소장으로 일할 때는 '뿌리센터'라는 기관을 만들고, 자치단체장을 위한 '목민관학교'를 운영했습니다. 그때 전국을 돌며 지역의 가능성을 확인했습니다. 지역에는 혁신의 씨앗들이 자라나고 있습니다.

국가 시스템을 자치분권으로 완전히 바꾸는 '자치분권형 개헌' 완성할 것

현행 헌법에는 지방분권에 대한 규정이 없습니다. 다만 헌법 117조, 118조에 일부 규정되어 있는데, 이것만으로는 충분치 않습니다.

중앙정부는 지방정부를 통제할 수 있지만 중앙정부의 정책결정에 대한 지방자치단체의 견제 수단은 없습니다. 따라서 지방분권에 대한 명확한 규정과 더불어, 지방자치단체의 정책 결정에 대하여 중앙정부의 개입을 제한적으로만 허용하는 개헌이 이뤄져야 합니다.

지방자치제도가 도입된 지 22년이 지났지만 실제로는 중앙정부에 권력이 과도하게 집중돼 있어 '2할 자치', '무늬만 자치'라는 말이 나오고 있습니다. 다양해지는 주민들의 요구가 지방자치단체를 통해 실현되기 어려운 것은, 지방자치단체의 독립성이 약하기 때문이기도 합니다.

경제혁신이 99대1 불평등체제를 개혁하고 재벌중심 경제체제의 종식을 통해 보다 평등한 사회를 이루는 것이라면, 정치혁신의 핵심은 지방분권입니다. 프랑스처럼 헌법 1조에 자치분권공화국임을 선포하는 개헌을 해야 합니다. 지방자치에 대한 헌법 보장을 대폭 강화해야 합니다. 중앙정부 혼자서 뛰는 것이 아니라 중앙정부와 지역정부가 함께 뛰는 대한민국을 만들어야 합니다. 중앙과 지방이 함께 뛰어야 국가경쟁력이 높아지고 주민들의 삶이 실질적으로 개선될 수 있습니다. 2017체제의 핵심은 바로 자치 분권의 확대여야 하며 개헌의 방향도 자치 분권 개헌이어야 합니다.

지방정부의 자주재원을 대폭 확대

새로운 대한민국은 다양한 지방정부가 들꽃처럼 피어나는 창조적 지방정부연합이어야 합니다. 우선 중앙정부는 권한과 예산을 이양해, '중앙정부의 출장소', '2할 자치'라는 현실에서 벗어나야 합니다. 시민들과 더 가까이에 있는 지방정부가 시민들의 삶을 더 많이 책임질 수 있도록 해야 합니다. 현재 국세 대비 지방세 비율 8대 2의 재정배분을 다음 정부에서 지방소비세와 지방소득세 등의 개편을 통해 6대 4로 바꾸는 세입분권이 반드시 실현되어야 합니다. 그렇게 되면 지방재정의 자율성은 대폭 확대될 것입니다.

행정자치부를 폐지하고 자치지원청 신설

지방정부 조직에 더 큰 자율성을 주어야 합니다. 중앙정부는 지방정부에 권한을 대폭 이양하고, 지방정부들이 각자의 철학과 현장을 바탕으로 지역르네상스를 열 수 있도록 지원하고 협력해야 합니다. 무늬만 지방자치가 아니라 실질적으로 자치의 꽃이 활짝 피는 명실상부한 지방자치가 실현되어야 합니다.

국가책임 복지사업의 재정은 전적으로 국가가 책임질 것

기초연금, 누리사업 등 전국 표준적인 수준으로 유지되어야 하는 기초복지사업에 대해서는 중앙정부가 전적으로 재정을 책임져야 합니다. 생계급여, 기초연금 등 국가책임 복지사업에 대한 재정부담의 상당 부분을 지방정부에 떠넘기는 일, 누리사업 재원을 지방교육청에 떠넘겨 갈등을 유발하는 일은 중앙정부의 역할을 회피하는 일입니다. 지방재정은 해당 지역실정에 맞는 다양한 사회서비스 사업들을 운용하는 것으로 역할 분담이 이루어져야 합니다.

지방정부가 4차 산업혁명의 중심이 되어야

과학기술평가연구원KISTEP에 따르면 4차 산업혁명이란 IT 및 전자기술 등 디지털 혁명(제3차 산업혁명)에 기반하여 물리적 공간, 디지털적 공간 및 생물공학 공간의 경계가 희석되는 기술융합을 의미합니다 (WEF, 2016). 인공지능, 로봇공학 등의 발전이 4차 산업혁명을 주도하며, 향후 전 세계 산업구조에 상당한 변화가 예측됩니다. 향후 급변하는 일자리 지형에서 미래고용전반의 변화와 필요한 직무역량을 미리 예측하여 정부의 선제적 대처가 필요합니다. 이미 AI, IoT, ICT, 3D프린터, VR, AR 등의 일상화 등 과학기술적 변화가 정부 정책과정에 영향을 미치며 변화를 요구하고 있습니다.

따라서 이들 산업정책과 경제정책 영역에서 지금까지처럼 중앙은 정책을 수립하고 지방자치단체는 정책을 집행한다는 고전적이고 수직적인 관계에서 탈피하여, 현장에서 정책을 수립하고 집행을 하는 수평적인 관계로 바뀌어야 합니다. 특히 공간적 제약으로부터 상대적으로 자유로운 4차 산업혁명은 지방정부에서 도전하고 수행하기에 어느 산업보다 유리하다고 할 수 있습니다. 수도권 이외의 지역에서 4차 산업이 융성하도록 하여, 지역경제가 살아나고 일자리가 생기도록 노력해야 합니다.

미래는 '지방분권, 지방자치의 시대'여야 합니다

지방분권시대는 민주당의 오랜 꿈이었습니다. 지방자치제가 부활된 것은 김대중 대통령의 집요한 노력 때문에 가능했습니다. 노무현 대통령 역시 지방분권시대를 주장했습니다. 노무현 정부가 분권에 있어서 외과수술을 했다면 이제는 내과적 수준의 분권이 필요합니다. 분권의 소프트웨어를 업그레이드해야 합니다. 분권을 통해 지방과 서울이 함께 잘사는 상생의 공동체를 만들어야 합니다.

저는 서울시정을 하는 동안 친환경무상급식, 청년수당, 메르스 사태로 중앙정부와의 갈등을 경험했습니다. 정쟁에 가까운 소모적 갈등이었지만, 소득이 딱 하나 있었습니다. 중앙집권적 국가는 시대착오적이라는 사실과, '지방분권, 지방자치'가 그 대안이라는 것을 확인한 것입니다.

지방분권시대가 되려면 정치문화도 확 바뀌어야 합니다. 위로부터의 하향식 정치에서 아래로부터의 상향식 정치로 바뀌어야 합니다. 지방자치를 경험한 사람이 중앙정치로 진출해야 합니다. 이것은 미래로 갈수록 더욱 절실한 필요조건이 될 것입니다. 풀뿌리 단위, 기초단체, 지방정부에서 어떠한 행정경험도 없던 분들이 명성만 가지고 하는 정치에 대해 국민들이 이미 탄핵하지 않았습니까? 정치도 '여의도 정치'가 아닌 '분권정치'가 필요한 때입니다. 이렇게 지방자치가 실질적으로 구현된다면, 대한민국은 획기적으로 변화할 것입니다. 국민들의 삶도 획기적으로 개선될 것입니다.

14장

원전보다 안전을 선택해야 합니다

동이 트기 전이 가장 어둡습니다. 절망의 겨울이었기에 희망의 봄이 기다려졌습니다. 그렇게 지난해 연말은 최악의 시절이자 최고의 시절이었습니다. 대통령 탄핵을 넘어 새로운 대한민국을 세우고자 하는 국민들께서 최고의 시절, 희망의 봄을 만들어주셨습니다. 오늘 이 자리에 함께 해주신 여러분들이 바로 그 새로운 역사를 쓴 주역들이십니다.

시민운동가였던 제게 부산은 풀뿌리단위에서 거대한 변화가 일어나는 〈지역희망찾기〉의 성지였습니다. 여전히 대한민국의 지속가능한 미래라는 거대한 흐름을 만들어가고 계시는 여러분과 만나 참으로 반갑습니다.

방금 전 신고리 5, 6호기백지화부산시민운동본부 대표자분들과 간담회를 가졌습니다. 특히 지난 12일(목) 신고리 5, 6호기백지화부산시민운동본부가 고리1호기폐쇄운동을 비롯한 탈원전운동을 해온 공로로 제9회 동명대상을 수상했다는 소식을 전해들었는데요. 다시 한 번 그간의 노고와 수상을 진심으로 축하드립니다.

기후변화에 대처하지 못하는 대한민국

지난 100여 년 동안 한반도의 기온은 전세계 기온의 평균보다 두 배 상승했습니다. 지난해 한국은 찜통 같은 폭염과 지진관측 사상 최대 규모인 5.8의 지진을 경험했습니다. 폭염으로 수천 명의 시민께서 피해를 입었고, 경주 일원과 울산지역에서는 여진이 지속되는 가운데 강력한 태풍 피해까지 발생했습니다. 기후변화, 지구온난화가 심각한 것입니다.

현재 우리가 갖고 있는 에너지시스템의 안전성에 의문을 가져야 합니다. 인류가 선택한 화석에너지의 편리함이, 인류의 건강을 해치는 미세먼지로 돌아왔습니다. 인류가 훼손한 자연의 주기가 인류에게 새로운 패러다임을 만들어야 한다고 경고하고 있습니다.

그런데 대한민국은 지금 어디에 있습니까? 우리는 아직도 화석에너지와 원전 중심 사고에 갇혀 있습니다. 기후변화의 종착역은 문명의 파국입니다.

저는 안전한 탈핵사회와 지속가능한 미래를 만들기 위한 세 가지를 제안드리고자 합니다.

지진지역 원전가동은 중단되어야 합니다

첫째, 지진지역 원전은 가동을 중단하고, 안전을 점검해야 합니다.

지진이 발생한 경주 일원 월성 고리지역에 12기의 원자력발전소가 운영되고 있습니다. 지진이 발생할 가능성이 가장 높은 지역에서 가장 많은 원전이 가동되고 있는 것입니다.

시민의 생명과 안전보다 더 중요한 가치는 없습니다. 시민의 안전을 위해서라면 늑장대응보다 과잉대응이 낫습니다. 지금이라도 월성, 고리 지역의 원전 가동을 한시적으로 멈추고 활성단층 분포와 원전의 안전성을 정밀조사해야 합니다.

정부는 후쿠시마 사고의 교훈을 잊지 말아야 합니다. 지진 발생지대에서의 원전건설은 반드시 중단해야 합니다.

세계의 흐름을 살펴 보십시오. 독일에 이어 아시아에서는 처음으로 대만이 '2025년 원자력 발전 제로(0)'를 결정했습니다. 민진당의 차이잉원蔡英文 총통이 작년 1월 대선 당시 2025년까지 '원전 제로'를 실현하겠다고 공약한 것을 지킨 것입니다.

대만은 현재 원전이 인구가 밀집한 타이베이에서 채 30km도 떨어지지 않은 지역에 있습니다. 그 상황은 부산·울산·경남 지역과 다르지 않습니다. 대만은 현재 4%의 재생에너지 비율을 2025년에는 20%까지 끌어올릴 계획입니다.

신규원전은 건설을 멈추어야 합니다

둘째, 신규원전은 건설을 멈추고, 노후원전은 수명연장을 멈춰야 합니다.

특히 지난해 6월에 졸속으로 건설허가를 낸 신고리 5, 6호기는 건설을 중단해야 합니다. 기존의 고리 1, 2, 3, 4호기, 신고리 1, 2, 3, 4호기에 이어 신고리 5, 6호기가 건설된다면 무려 10기의 원전이 고리일대에 위치하게 되는 것입니다. 세계에서 유례가 없는 최악의 원전밀집지대입니다. 게다가 반경 30km 내 380만 명의 시민이 살고 있습니다. 그런데 지역주민의 의견수렴 없이 일방적으로 공사가 강행되고 있습니다.

이것은 정책이 아닙니다. 국민의 주권을 무시한 국가의 폭력입니다. 신고리 5, 6호기는 설계수명연한이 무려 60년이나 됩니다. 그렇다면 부산·울산·경남지역은 백 년 간 원전사고 위험을 안고 살아야 합니다. 또한 2023, 24, 25년이면 고리 2, 3, 4호기가 설계수명연한이 40년으로 만료되는 해입니다. 노후원전에 대한 수명연장은 안 되는 일입니다. 영화 판도라가 남의 일이 아닙니다. 우리의 일이 될 수도 있습니다.

박근혜 정부는 국민의 안전을 최우선으로 생각하지 않았습니다. 국민의 미래를 최우선으로 생각하지 않았습니다. 우리나라는 전세계 재생가능에너지 투자율에서 최하위권을 기록하고 있습니다. 재생가능에너지 투자율이 2~3%, 그것도 쓰레기 폐열 등을 빼면 1%밖에 안 됩니다.

원전보다 안전을 선택해야 합니다. 화석에너지가 아니라 지속가능한 에너지를 선택해야 합니다. 정부는 국민의 안전을 최우선 가치로 생각해야 합니다. 다음 정부는 원자력안전위원회가 원자력규제위원회로 역할을 할 수 있도록 해야 합니다

지역상생의 가치를 확장하자

서울은 '원전하나줄이기'에 성공했습니다. 2020년까지 원전 2기에 해당하는 400만 TOE를 줄이고, 온실가스도 1000만 톤을 줄이는 데 도전합니다.

원전하나줄이기의 성과는 단순히 수치가 아닙니다. 원전하나줄이기는 '지역 상생'의 가치를 이루는 연대와 협력의 힘을 증명해냈습니다. 서울의 전력자립률을 높이는 것은 발전소와 송전탑으로 고통 받는 이웃들의 희생을 덜고, 서울시민의 안전을 지키며, 대한민국의 안전을 지키는 일입니다.

경주·울산·부산 시민들의 원전에 대한 불안은 그 분들만의 몫이 아닙니다. 그래서 2015년 11월, 서울은 경기도, 충남, 제주와 화석에너지와 원전을 재생가능에너지로 대체하고, 에너지 분권을 위해 지자체에 정책수립 권한과 예산을 부여해야 한다는 데 뜻을 모았습니다. 서울시를 포함한 4개 광역지자체들이 목표를 달성하고, 지역에너지정책이 확산되면 정부가 2029년까지 원전 13기를 짓기로 한 계획은 필요가 없습니다. 이러한 서울시의 경험을 대한민국의 지자체로 확산해야 합니다. 대만의 차이잉원 총통처럼 '탈원전에너지전환'에 대한 국민의 공감을 만들어 나가야 합니다. 국민과 함께 국민이 안전한 국가를 새롭게 만들 수 있습니다.

박근혜 정부의 국정농단에는 원전농단도 포함되어 있습니다. 박근혜 정부의 무책임과 무능은 소위 원전마피아와 연결된 '원전 올인 정책'으로 우리 국민의 생명과 안전을 위협했습니다. 무능한 정치가 지속

가능한 재생에너지의 확산을 막았습니다. 정치가 바뀌면 에너지가 바뀝니다. 정치가 바뀌면 미래가 바뀝니다.

1가구 1태양광, 에너지영농지원

전국 모든 가구에 햇빛나무를 가꾸는 '1가구 1태양광'을 제안합니다. 또 농촌지역에서 태양광 풍력 바이오매스 등 재생가능에너지를 생산해 판매하는 '에너지농업지원정책'을 제안합니다.

'1가구 1태양광'은 집집마다 태양광 패널을 설치하는 것입니다. 직접 설치가 어려운 가구는 태양광국민펀드에 투자하면 10년 내에 '1가구 1태양광'을 달성할 수 있습니다.

이른바 에너지영농 지원정책이 필요합니다. 태양광을 설치한 비닐하우스, 개울을 활용한 소수력발전, 퇴비 등을 활용한 바이오매스 등 농사를 지으면서 에너지를 생산하도록 지원해야 합니다.

탈원전과 에너지전환을 동시에 생각해야 합니다. 한국의 재생에너지의 잠재량은 국내에서 소비하는 전력량의 22배에 달한다고 합니다. 우리는 이미 훌륭한 기술도 보유하고 있습니다. 단지 선택하지 않고 있을 뿐입니다. 위험한 에너지에서 안전한 에너지로, 해로운 에너지에서 건강한 에너지로, 중앙집중형에서 지역분산형 에너지로 시스템을 바꿔야 합니다.

여러분이 지속가능한 미래를 만드는 에너지입니다

전세계 인류가 만들어놓은 기후변화의 흐름을 바꿀 수 있는 힘은 전세계 인류의 연대와 협력뿐입니다. 우리의 선택은 원전이 아니라 안전이어야 합니다. 우리가 함께 하면 국민이 안전한 국가, 지속가능한 사회를 이룰 수 있습니다. 여러분이 지속가능한 미래를 만드는 에너지입니다.

미래를 바꾸기 위해서는, 에너지를 바꾸기 위해서는 정치가 먼저 바뀌어야 합니다. 그것이 촛불시민혁명에 정치가 응답하는 길입니다.

박원순,
생각의 출마

제1판 1쇄 발행 2017년 3월 7일
제1판 2쇄 발행 2020년 7월 15일

지은이 박원순
편집 서왕진 이현서
사진제공 김헌수

펴낸이 김덕문
펴낸곳 더봄
등록번호 제399-2016-000012호(2015.04.20)
주소 경기도 남양주시 별내면 청학로중앙길 71, 502호(상록수오피스텔)
대표전화 031-848-8007 **팩스** 031-848-8006
전자우편 thebom21@naver.com
블로그 blog.naver.com/thebom21

ISBN 979-11-86589-95-3 03300

ⓒ 박원순, 2017

협약에 따라 인지를 붙이지 않습니다.
책값은 뒤표지에 있습니다.

따뜻한 커피 한 잔과 함께
가슴에 담아두고 싶은

박원순의 말과 생각

국민에게만 아부하겠습니다

그는 매순간 민주주의와 평화를 위해 최일선에서 몸을 던졌고, 역사적으로 의미 있는 발언을 무수히 남겼다. 그 발언들은 단순한 입담이나 구두선이 아니라, 그의 철학과 신념, 실천과 헌신이 뒷받침되었기에 거대한 시대적 울림을 갖고 있다. '행동하는 양심'이고 '깨어있는 시민'이자 '소통하는 지도자'의 삶이다. 민주주의와 평화, 정의에 대해 평생에 걸쳐 발언해 온 그의 언어에 귀기울이면, 우리는 그가 추구해온 시민을 섬기는 경청과 협치, 헌신과 배려의 정치철학을 깨달을 수 있을 것이다.

김홍국 엮음 | 더봄 | 값 5000원